甘棠书系

清人联语别集笺注

梁章钜联语辑注

主编……常江

辑注……王家安

广西美术出版社

梁章鉅

图书在版编目（CIP）数据

清人联语别集笺注. 梁章钜联语辑注 / 常江主编；王家安辑注. -- 南宁：广西美术出版社，2025. 5.

ISBN 978-7-5494-2821-2

Ⅰ. I269.6

中国国家版本馆CIP数据核字第2025SG0052号

…………………………………………………………………………

清人联语别集笺注 **梁章钜联语辑注**

QINGREN LIANYU BIEJI JIANZHU LIANGZHANGJU LIANYU JIZHU

主　　编：常　江
辑　　注：王家安
出 版 人：白竹林
总 策 划：谢　冬　杨　勇
策划编辑：刘　丽
责任编辑：宋浩源
书籍设计：陈　凌
美术编辑：李　冰
校　　对：韦晴媛
审　　读：陈小英
监　　制：黄庆云　莫明杰
出版发行：广西美术出版社
地　　址：广西南宁市青秀区望园路9号
邮　　编：530023
印　　刷：广西民族印刷包装集团有限公司
开　　本：787 mm × 1092 mm　1/16
字　　数：255千字
印　　张：13.5
版次印次：2025年5月第1版第1次印刷
书　　号：ISBN 978-7-5494-2821-2
定　　价：78.00元

甘棠书系

“清人联语别集笺注”编委会

梁章钜画像

总序

忘记是摄影还是绘画，也忘记在何时何地看到：一棵树，独绿于沙漠之上、阳光之下，亮丽，抢眼，比起“万绿丛中一点红”，多了几分震撼。

我曾久久地看着、想着、回味着，突然觉得那棵树是棠树，有很大很大树荫的棠树。那树下坐着办公的，不再是召公，而是得到召公遗爱的一群当代人。他们没想到治国安天下，只是将甘棠作为一种理念与信仰，在商量并且付诸行动：在棠树周围种出一片片联林，越种越远；这些树木，要常青常绿，高品质，高追求，以新的风景，改变“局部小气候”。

甘棠人开辟出的第一片风景，是“甘棠奖”。这个奖是不是权威，要历史认定，但它确定是高尚的：获奖者不是凭一副联，而是从年度作品中自选十副得意之作，靠的是整体水平；评奖者是个庞大的团队，几乎代表了时下楹联创作和研究的“天花板”，且见不到一位“楹联官员”的名字，却有诗词大家的位置，因此，他们的投票情况是敢于公布的；参加颁奖典礼的楹联人，竟可以享受走蓝地毯这样崇高的礼遇。

谁能想到，楹联创作的风景如此美好。

甘棠人开辟出的第二片风景，是“甘棠丛书”。出版丛书，是个长远的计划，有诸多的项目，恕我不能详加介绍，否则，既不符合甘棠人“做了再说”的风格，也让出版社的选题过早暴露。但第一个项目“清人联语别集笺注”丛书已经问世，是一定要说说的。

我曾经和许多人一样，对于各种文学史不收入楹联而愤愤不平，直到现在，如果哪种文学断代史、文学类型史说上几句楹联，我们都会报以热烈掌声，仿佛得到了高度认可，甚至某种胜利。可我们却从来不想想，怎么写进去，写什么进去。文学史的内容，主要就是作家与作品。假如我是一个工匠，要砌“文学史”这面墙，“杜甫诗”“稼轩词”大可放心使用，但拿起大名鼎鼎的“苏轼楹联”这块“砖”，你敢砌进去吗？苏轼是位雅人、俗人都喜欢的人物，他虽命运多舛，却是人们茶余饭后的喜剧角色，关于他的对联传说，是文人笔记中“蹭热点”的话题，到底哪些是真、哪些是假，没有人梳理过。把这样的“砖”砌进墙里，终成破洞；砌进堤内，终成管涌。难过的是，楹联界所谓“历代名人”的联语，几乎都没有被认真梳理过，满地都是“碎砖头”。全都凑凑合合堆进去，“文学史”岂不是“豆腐渣工程”？

平心而论，在当代楹联发展的早期，有心人注重搜集、出版各类楹联作品集，是有积极作用的。出现“听风就是雨”“不问青红皂白”“多多益善”的现象，也情有可原。几十年了，各地出版“集成”的高潮已经过去；该争论的话题，似乎永远不会停止；振奋人心的预言，留给未来。当下，有志于楹联文化的人，该重新考虑“楹联作家和作品”这一永恒的主题了。不研究“楹联作家和作品”，中国楹联史就没办法落笔；没有楹联史，楹联学就会残缺；不搞楹联学，楹联界还有什么“学术”可言？

然而，研究“楹联作家和作品”，很难，也很复杂。搜寻、整理、辑佚、增补就已经很不容易了，点校、辨伪、考讹、笺注更不是人人都敢碰的。研究“楹联作家和作品”要具备三个条件：有一个好的作品底本，可以与其他本子参校；有关于作家的丰富的史料，可以详尽地对照取舍；有一批具备历史眼光、学问功底和坚强毅力的学者，互相助力。

当甘棠人认识到“楹联作家和作品”的巨大价值和潜在意义之后，

便又一次聚集在棠树下。那里已经有创作团队，是活跃在联坛上的中坚力量；也有评审团队，是威望重、素养高、创研俱佳的诗联宿将；还有眼力独特、思维全面的甘棠风景的设计者。如今又有一些成就斐然的中青年学者，与德高望重的老先生们一起整装出发，去组建甘棠大军的先头部队，完成“清人联语别集笺注”丛书，努力让那些“养在深闺人未识”的对联集尽早地“飞入寻常百姓家”。按着规划，清人的作品集将分批出版，最先与读者见面的是张之洞、范当世、王闿运、俞樾、梁章钜等人的作品，成熟一批，出版一批，出版顺序与联家的社会地位、影响程度、作品高下毫无关系。

这样的系统工程，诗词人早就完成了，为诗史、词史提供了稳妥的资料，并积累了宝贵的经验。楹联界似乎才刚刚开始，亡羊补牢吧，该做的总要做，也总要有人来做。我们给这套书的定位是：既有史料意义，又有阅读价值，还能发挥一定的学术引导作用。

欢迎更多的朋友到棠树下聚合，甘棠人，永远在创造新风景的路上。

常江

癸卯二伏于北京丰台两栖轩

序

道光二十年（1840年）春，时任广西巡抚的梁章钜，出版了他彪炳史册的《楹联丛话》。以“联话”这种全新文体开启了楹联文本的研究范式。这种文体精确、凝练、可读，虽行文短小，但内容精良。如梁章钜之品评，大多不过只言片语，称不上“体大思精”，而其中真知灼见，如对楹联之“工切”的认知、对楹联“雅切”的评判等，至今仍被奉为圭臬。

此书付梓后，一时海内纷传，洛阳纸贵。梁氏也意犹未尽，陆续编著了《楹联续话》《楹联三话》《巧对录》，并影响其子梁恭辰编著《楹联四话》《巧对续录》等，父子二人建立了一个较大规模的联话汇编，为后世研究提供了全面、系统的著作依据，梁章钜也由此奠定了在中国楹联史上“一代宗师”之地位。梁氏以后，楹联研究方才名家辈出，如其子梁恭辰，以及后来的王堃、李承衔、赵曾望、陈方镛、胡君复、吴恭亨、陆家骥、倪星垣、雷瑨、慕寿祺、杜召棠、向义、刘隆民、张伯驹、梁羽生等，他们均是在梁氏基础上继承与创新，共同奠定了一百多年来楹联文化的传薪历程。

《楹联丛话》印行近两百年，已有四十余种版本问世。就楹联类书籍而言，无论是发行数量还是刊印版次，他书都无出其右。清中晚期，以梁章钜为代表的一批楹联家经过不懈努力，最终改变了学界对于楹联的态度，使得楹联文学成为继小说之后，清代又一个文学新高峰，并在晚清民初之时，达到历史的鼎盛。在《楹联丛话》自序中，梁章钜曾言他所处的时代“楹联之制，殆无有美富于此时者”。正所谓“时势造英雄”，在那个群星灿烂的楹联“黄金期”，必然会产生集大成而开风气的宗师级人物，而这个人，正是梁章钜。

首先看历史环境。梁章钜在《楹联丛话》中已说明，楹联发展到清初，上至帝王，下至平民，皆频频涉足，使得“海内翕然向风”。梁章钜曾在紫禁城任职八九年，这期间，他亲身经历了皇室对楹联的重视，目睹了京畿楹联文化的繁盛，还曾亲去摘抄各宫殿春联，耳濡目染，自然发出“自有楹联以来，未有如此之盛者矣”的感叹。楹联在此时的盛行，还有个重要原因是八股的推动，让士子们更加注重两股之间的对偶。梁章钜的好友朱珔在为梁章钜的《制义丛话》写序时就说：“雍正、乾隆间，墨艺喜排偶。”梁章钜精研于科举文案，曾专门撰写针对科举的《制义丛话》《试律丛话》，可谓用力之深。而步入清初，在朝代的更替与世情的变故之中，不少学人还选择潜心故纸，“乾嘉学派”由此兴起。梁章钜业师纪昀、阮元、翁方纲等皆是此中翘楚。受此影响，梁章钜毕生游走于治学之路，他“综贯百氏，取精用宏”，传世八十余种著作，四部都有涉猎，而被后世推崇者如《文选旁证》《三国志旁证》《枢垣记略》《称谓录》《退庵随笔》等，俱长于考据、述录。这个勤于著述的人，一旦关注上楹联，必然也会想到要为楹联来写本书。

其次看社会环境。梁章钜先后得进士、选翰林，又入职中枢，毕生以业师相称者，如纪昀、那彦成、朱珪、彭元瑞、英和、翁方纲、黄钺、曹振镛、陈若霖、孙玉庭、阮元等，皆以楹联名世，其中纪昀、彭元瑞、阮元更是清代楹联的代表人物。在那个楹联繁盛时代，最有“话语权”的还是获得功名者及地方饱学之士。梁章钜的师长如此，同辈亦是如斯。在京期间，他宦迹礼部各司及军机处，又加入清中期很有影响的文人社团“宣南诗社”，其间交友如陶澍、林则徐、秦瀛、吴鼒、李彦章、贺长龄、魏源、龚自珍、包世臣、刘凤诰、伊秉绶、朱士彦、汤金钊、汤鹏、何绍基、萨迎阿、麟庆等，皆一时楹联名家。通过这些关系，他还搜集到大量前辈先贤如刘墉、毕沅、王文治、梁同书的楹联故事，对李渔、袁枚、朱彝尊、郑燮这些出于民间的楹联大师也倍加推崇。不仅如此，在多年地方任职中，他所交往者，如石韫玉、钱泳、宋湘、吴慈鹤、严保庸、齐彦槐、陈继昌、邓廷桢、张祥河、陈鸿寿、徐宗幹、余应松等，也多联坛俊彦，其中亦不乏石韫玉、宋湘、严保庸、齐彦槐这些顶级名家。在这些师友的助力下，梁章钜充分利用身边资源“邮筒遍于四方”而“博访遐搜”，《楹联丛话》中由他人寄录或转述的，就有数百处。毫不夸张的说，梁章钜和他的“朋友圈”撑起了清中叶的楹联时代，赓续清早期的楹联灯火，照亮晚清楹联的高光时刻。

再次看家庭环境。梁章钜出生在一个载入史册的书香门第，他家“自前明迄今十五传，皆为郡县学诸生不断”，纪晓岚曾说“闽中巾卷世家，以长乐梁氏为第一”。他的父辈，都有楹联之好。他说父亲每次“为人书楹帖”，总喜欢为他讲解其中道义。他的书中，还写过叔父梁上国修改楹联的故事。受他影响，其长子梁逢辰、二子梁丁辰、三子梁恭辰等，皆能联语，尤其梁恭辰更是继承衣钵，成为载入史册的联家。

最后看个人习性。梁章钜留心科举，自幼喜好骈文。他曾直言，“余自十五岁即知专攻试律，学之将三十年，无年不作”。朋友们也知他善作骈体，一些应酬文字，时常请他执笔。再者，他毕生有志于学，故而留心藏书。施鸿保《闽杂记》记载：“闽中藏书家最著称者，近时若梁茝林中丞……所藏皆十余万卷，真可羡也。”这些浩瀚典籍为梁章钜编纂联话提供了无限养料。此外，他还有复古之好。除了藏书，也是清代有名的收藏家，所藏字画、碑帖不乏精品。每到一处任职，他亦好访古，在苏州修建沧浪亭，在广西修建五咏堂等，他都“各纪以联”，认为这是“好古自命，振厉风雅”之事。此外，梁章钜扬历中外四十年，足迹遍布神州大半，其广开视野，更利于“博访遐搜”。走到哪里，他就关注这里的楹联，他曾感慨：“流连胜地，邂逅名流，所见所闻，辄有埤益。”

梁章钜不仅热衷辑录楹联，自身也是一位撰联高手。他尚在世时，时人对他的联作就不乏赞美之词。如藤花吟馆“有客醉”一联就颇闻于时，“江南僚友有以为妒者”；他为兴仁写的寿联，“同人咸以为工巧”等。他走到哪里，都有人求书楹联，如在泰山“适庙僧索书楹联”，在华山“庙僧索留楹联”，等等。近人贺仲禹《绣铁庵联话》则举例说：“作园亭楹联……吾闽能手，前称杨子恂，更前则推梁芷邻。后此鲜有闻焉。”已将梁章钜认为闽南善作联语的代表人物。值得关注的是，《楹联丛话》中，有五十余处提到“雅”、六十余处提到“切”，纵观目前所知梁章钜百多副联语，大抵仍不出其“雅切”的格调。他有这般认识，本质上还是传统士夫喜尚风雅的赓续，梁章钜显然是将楹联剥离了其机巧与民俗成分，当做可歌可咏的性情文字来进行文学批评的。他追求“雅”“切”的思想源泉，体现在《制义丛话》的例言中，其引用恩师纪昀的话“以‘清真雅正’为宗”，我们阅读梁章钜联语，都会有这番感受。

遗憾的是，梁章钜毕生辑联，却未将自撰楹联编辑成册。笔者近年来遍览典籍，留心收藏梁氏资料，日渐丰夥。于是历时三载，翻检百部，乃成是编，所辑可考联语一百零九副，外篇补遗六副，对于诸多所谓梁氏署名的联语，则逐一考证，以存疑、辨误而明晰。其间又耗时数月，遍览梁氏父子相关著作四十余种，加以补充、辑佚、校对，且逐联考证版本，确定题目，校正释义、笺注，注明出处，旁引他说，综晚清以来百家之言，以求全面、准确又不失风格，既有学术性又兼顾可读性地反映这位楹联宗师的创作状况。所附所录，皆为笔者历年来点滴心得累积而成，还希冀海内外同道者交流指点，共于这如山如水的文字之间，畅叙幽情，通达古今。恰如梁公一联句——“物情何足校，近水遥山皆有情”！

王家安

凡例

一、是书分内篇、外篇、杂篇与附录。内篇所辑联语一百零九副，均为梁氏父子著作之笔录；外篇补遗六副、著目佚稿四则，存疑二十副，辨误三十六副及其他；杂篇所辑他人赠梁氏联、梁氏家族其他十人所见联语；附录为梁章钜楹联系年、字号考略、楹联著作考略及参考文献。

二、内篇参照梁氏联话体例，分为胜迹、庙祀、廨宇、佳话、挽词、寓所、杂缀七类。每联均附以注释、解析。

三、注释尽量参考梁氏著作及生平，“以梁注梁”，以便理解。

四、解析均考证其所出，以证其实；凡关键师友、事件均予备注，以明其事；参照诸家，逐联考订其名，涉及人物均用本名；诸书所引、文字版本凡有异同者，均予以说明。

五、补遗为梁氏诸书所未见者，存疑为暂难考见其出处者，辨误为他处所谓梁氏联语而不实者。

六、所辑联语以笔者家藏桂林本为底本，参以梁氏各版著作；逐条所引均备注出处，版本一并附后。

七、所辑以简化字、新式标点编辑，字缺或难辨者以□代之。

八、所附梁氏楹联系年，逐副考证内编百副联语撰制时间、地点，以其《自订年谱》《墓志铭》为纲，亦可视为年谱简编。

目次

内篇

外　篇

杂　篇

附　录

内篇

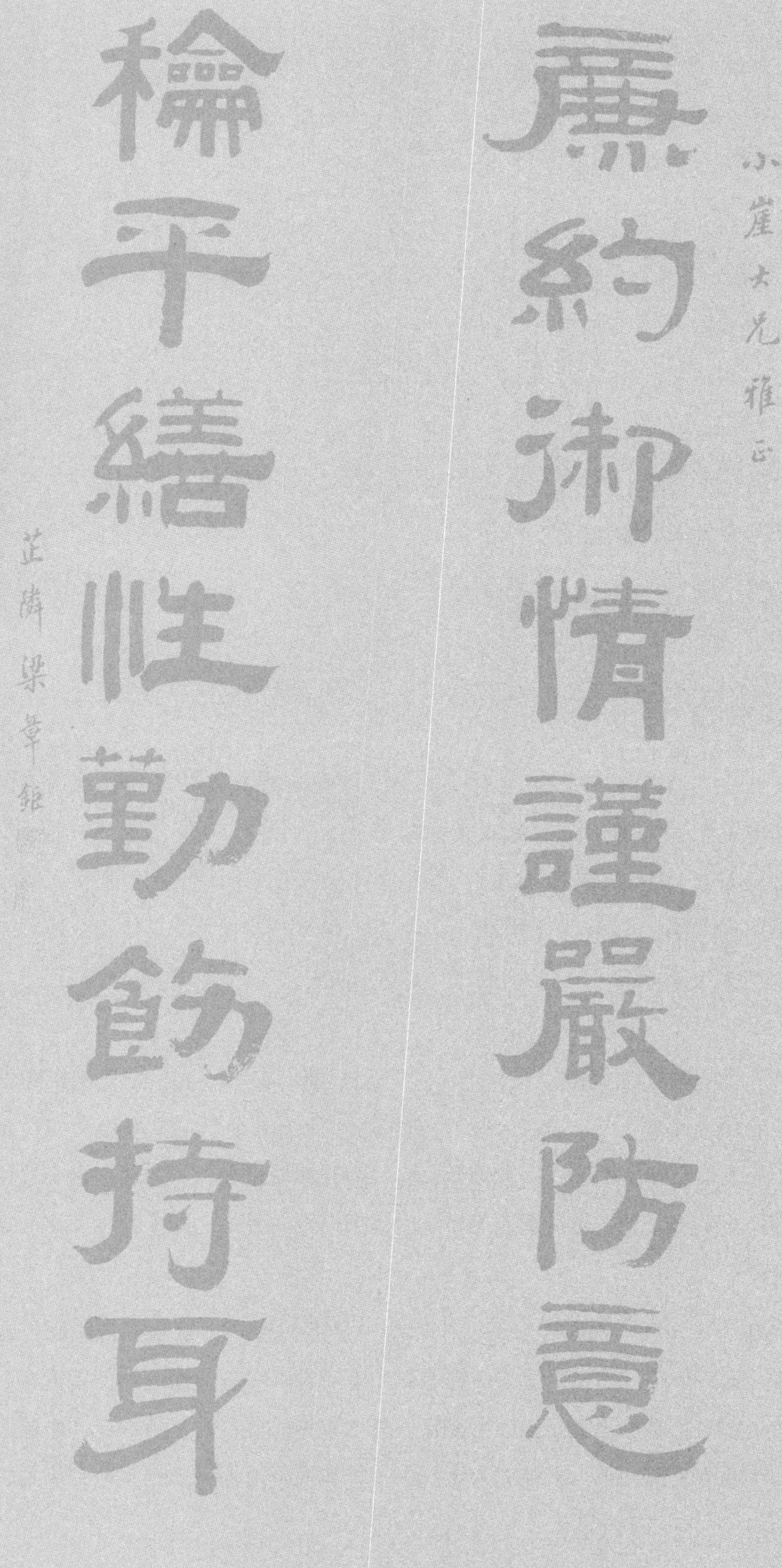

胜迹

济南大明湖小小沧浪亭

荷花如城月如斗；

名流作主泉作宾。

【注释】

大明湖：在济南西北隅，周十余里，“湖面为荷塘芦港所隔，舟行须诘曲随之”（刘隆民《龙眠联话·卷四》）。

小沧浪：在大明湖西北岸，建于清乾隆年间，由小小沧浪亭、曲廊、荷池等组成，因效法苏州沧浪亭而建，故名“小沧浪”。

【解析】

联见梁章钜《楹联丛话·卷七》：“大明湖中有小沧浪，湖之南岸即学使者官署。署中池水亦七十二泉之一，与湖相通，池上有小亭。吴巢松学使属余分书‘小小沧浪’一扁，赋七古一首为谢，有‘荷花如城月如斗’之句，余和答诗，有‘名流作主泉作宾’之句，适成对语，因集书一小联界之，而学使遽归道山，不及悬挂矣。”

此联为集句联，按梁氏自署，上联集自吴慈鹤诗句，下联集自梁章钜诗句。梁章钜《退庵诗存·卷十二》有《大明湖中有小沧浪亭，其南即学使者官廨，巢松侍讲新于廨右葺小小沧浪亭，属余题额，先之以诗赋此奉答》诗云：“小沧浪亭一隅水，小小沧浪复相拟。沧浪主人索我书，谓我能契沧浪旨……（余在吴门，有沧浪题咏之刻）……因缘附此成佳话，名流作主泉作宾。”

吴巢松，即吴慈鹤，江苏吴县（今属苏州）人，嘉庆进士，官翰林院侍读，时梁章钜任山东按察使，吴慈鹤为山东学政，“小小沧浪”即在学政官署。梁章钜三子梁恭辰曾回忆，“济南有大明湖、趵突泉，二处皆省垣胜景也。予十四岁随任臬署（按察使官署），屡往游焉”（梁恭辰《巧对续录·卷下》）。近人徐珂《清稗类钞·饮食类》也说，“梁茝林提刑山左时，公暇与（诸同僚）……同饮于大明湖之薜荔馆”，此联应于此时所作。

此联虽为集句，并为对句，但风韵流动，切合自然。近人吴恭亨评曰“极疏傥肖题”（吴恭亨《悔晦堂对联话·卷三》）。梁氏赴任山东前，在江南淮海道任职，兼署江苏按察使，曾驻苏州沧浪亭行馆，故而大明湖题诗中也说“余在吴门，有沧浪题咏之刻”，他对沧浪亭十分钟情，此番再见“沧浪”，如见故人，“宾主”之论，自当别有感触。

兰州镇远桥

天险化康衢，直如海市楼中，现不住法；

河壖开画本，安得云梯关外，作如是观。

【注释】

镇远桥：“即黄河浮桥。西北出镇远门，有‘万国梯航’坊，西为望河楼，北檐有匾额曰‘万里黄河止一桥’。桥南为‘中流磐石’坊，又曰‘天下第一桥’。登白塔山俯视，桥蜿蜒水面，致可观也。”（《皋兰县志·卷四》）此桥旧址上，清末新建铁桥，即今中山桥。

天险：黄河在兰州穿城而过，形成天然屏障。

康衢：通达之路，多以颂盛世。

不住法：指佛家幻化之法无常相，此言气象非凡。

河壖：河边之地。《楹联丛话》原书作“壖”，而非“堧”。

云梯关：古海关，在江苏响水，“海水下退，渐落沙滩，有一套至十三套之地，故称云梯关”（《淮安府志·卷十七》）。梁章钜此前任职江南淮海道，管理黄淮水利，故有此联想。

如是观：指佛家教义之看法，此处乃是希望黄河沿线均有海晏河清的“画本”景象。

【解析】

联见梁章钜《楹联丛话·卷七》：“兰州城北之黄河，初从积石东下，其势渐大。自明初建浮桥，名镇远桥，今因之不废。每隆冬冰合，自成冰桥。冰泮则以数十艘编为浮桥。每岁二月初吉，大府率僚属斋祓诣河渎神，为合桥之祀。千夫踊跃，万民环睹，如画图然。余拟题桥门一联云：‘天险化康衢，直如海市楼中，现不住法；河壖开画本，安得云梯关外，作如是观。’云梯关为淮黄归海之要区，由委溯源，几及万里。余曾管修防者三载，临流回忆，夷险顿殊矣。”

此联非置身其中，不能感受。在镇远浮桥一带，夹岸林荫，遥映北山白塔，远眺万里丝路，近听阵阵驼铃，这是梁章钜眼中的天然画本，给宦游之人留下了美好印象。如近人吴恭亨所评“下语雄峻镇纸”（吴恭亨《悔晦堂对联话·卷三》），亦如向义所评“题津梁有旖旎风光”（向义《联语考索·联语之种类》）。

白雉山《古今楹联选集》、王存信等《中国名胜古迹对联选注》皆误署为“吴柳堂”联。

桂林独秀峰五咏堂

得地领群峰，目极舜洞尧山而外；

登堂怀往哲，人在鸿轩凤举之中。

【注释】

独秀峰：“在（桂林）城内正北，为桂主山，峭立五十余丈，宋颜延之尝守兹郡，赋诗云‘未若独秀者，峨峨郛邑间’，故名独秀。”（金武祥《粟香二笔·卷四》）

五咏堂："南朝宋颜延年（延之）有狂名，文章之美，与谢灵运齐名。出为永嘉及始安（桂林）郡守，甚怨愤，作《五君咏》。五君者，晋竹林七贤中之嵇康、向秀、刘伶、阮籍、阮咸也；山涛、王戎以贵显不列。桂林城中独秀峰之麓，有读书岩，延年读书其中；宋元祐中，郡守孙览构五咏堂，镌五君咏于石，久而湮没。清道光间，梁章钜抚粤西，修复之；以黄山谷所书五君咏，刻于堂壁。"（刘隆民《龙眠联话·卷四》）

舜洞尧山："桂州城北虞山，又名舜山，有韶音洞、南薰亭。又因舜而有尧山，以其与虞山正相望也。"（金武祥《粟香二笔·卷四》）

鸿轩凤举：轩、举皆为飞翔之意，以喻举止高尚。颜延之《五君咏·向常侍》中有一句"交吕既鸿轩，攀嵇亦凤举"，鸿轩凤举或由此出。

【解析】

联见梁章钜《楹联丛话·卷七》："独秀峰为桂林主山，颜延年守郡时，赋诗云'未若独秀者，峨峨郛邑间'，山因以名。然此语但见唐人郑叔齐所作《独秀山新开石室记》，而颜遗集中未见此诗也。山麓有读书岩，范石湖谓有便房石榻石牖，如环堵之室，颜延年读书其中，似唐以前府治即在是。宋元祐中，郡守孙览构五咏堂，镌《五君咏》于石，今遗址皆不可考。余于道光戊戌冬，始与僚寀商复五咏堂，而以家藏黄山谷先生所书《五君咏》墨迹勒石堂壁，不两月而规模大具，顿成壮观。因撰一联云：'得地领群峰，目极舜洞尧山而外；登堂怀往哲，人在鸿轩凤举之中。'"

颜延年，即颜延之，字延年，南朝著名文学家。梁章钜《文选旁证·卷二十》记，颜延之曾作《五君咏》。梁章钜任职广西巡抚期间，游历独秀峰，听闻此事，恰自藏有黄庭坚所书《五君咏》墨迹，于是兴之所至，于独秀峰下重建五咏堂，"规度其地，即起垣宇，刻《五君咏》壁间"（梁章钜《楹联丛话·卷七》）。联中所追忆的"往哲"，既有《五君咏》中所题咏的阮籍、嵇康、刘伶、阮咸、向秀，也应含郡守颜延之、孙览等风流人物。后来，清人张祥河亦曾为此题联："独秀峰在桂林贡院后，本名紫金山。余刻擘窠字于山腰石壁，曰'紫袍金带'，盖为都人士颂也。山下五咏堂，梁茝林中丞章钜重建，有延年读书处，即在石洞，明代为靖江王府，余故有句云：'雄藩胜览曾开囿；太守风流尚读书。'"

（张祥河《关陇舆中偶忆编》）此中“风流太守”，除了上述“往哲”，亦不乏对梁章钜之赞美。

桂林独秀峰五咏堂北厅

胜地如画图，是贤守遗区，雄藩旧馆；

灵山托文字，有叔齐作记，孟简题名。

【注释】

独秀峰、五咏堂：见“桂林独秀峰五咏堂”联。

贤守：颜延之，见“桂林独秀峰五咏堂”联。

雄藩：“指明初的靖江王朱守谦。他是朱元璋的侄孙，朱元璋封他为靖江王，镇守桂林。明洪武二十六年，朱守谦在王宫外面，建立了一座周围三里的王城，独秀峰被围在王城的范围里，矗立于王宫后面，故云五咏堂是‘雄藩旧馆’。”“‘靖藩’即朱守谦封号的简称。”（梁羽生《名联谈趣》）

【解析】

联见梁章钜《楹联丛话·卷七》：“独秀峰中，磨崖诗字如林，以唐人郑叔齐《石室记》及孟简题名为最古。余因五咏堂之北复添一厅事，同人索书楹帖，复撰一联云：‘胜地如画图，是贤守遗区，雄藩旧馆（前明入靖江王邸）；灵山托文字，有叔齐作记，孟简题名。’”

唐人郑叔齐有《独秀山新开石室记》之作，原在独秀峰五咏堂，而崖壁上“独秀峰”三字刻石，据传又为唐人孟简手笔，故联中有“作记”“题名”之说。至于“贤守”“雄藩”也是实指，此联乃是以本地典故入笔，皆切其题，遂移易不得。

桂林李园镜亭

灌池才深四五丈；

野航恰受两三人。

【注释】

李园：“桂林城北仙李园，明为靖藩别业，后为李芸甫所得，仍名李园。”（张伯驹《素月楼联语》）

灌池：地中注水，此指园中小池。

野航：“田家小渡舟也。或谓之舴艋，谓形如蚱蜢，因以名之。”（王祯《农书·卷十七》）

【解析】

联见梁章钜《楹联丛话·卷七》：“桂林城北仙李园中多栗树，故俗呼为‘板栗园’。前明为靖藩别业，今为李芸甫水部所得，仍名‘李园’。园中岩洞之胜，为桂郡一大观。余屡觞咏其中……有镜亭在水中央，旁有舟曰‘恰受航’。余为集韩、杜句云：‘灌池才深四五丈；野航恰受两三人。’”

此联为集句联。上联梁氏自注集自韩愈诗《河南令舍池台》：“灌池才盈五六丈，筑台不过七八（‘七八’或作‘六七’）尺。”下联集自杜甫《南邻》：“秋水才深四五尺，野航恰受两三人。”明人杨慎《升庵诗话·卷五》有云：“杜诗古本‘野艇恰受两三人’，浅者不知‘艇’字有平音，乃妄改作‘航’字，以便于读，谬矣。”杨慎以为，“野航”应是“野艇”之误。

园主人李秉绶，字芸甫，清江西临川（今属抚州）人，曾流寓桂林。此联虽为集句，但契合周遭景致。因园中有舟题名“恰受航”，梁氏便借题发挥集出下联，恰当之笔，有如神助。李园佳联不少，梁章钜公余“觞咏其中”，所见均有记载：“记其尤佳者，大门联云：‘一带林塘诗境界；四时花果隐生涯。’传是周山茨升桓所撰。簪碧堂中旧联云：‘北院喜新成，有寒碧千层，远青一角；东君如旧识，正庭槐垂荫，梁燕将雏。’为商宝意盘所题。芸甫新于水竹佳处筑一茆亭，以供逭暑，自题联云：‘乍来顿远尘嚣，静听水声真活泼；久坐莫嫌荒僻，饱看山色自清凉。’”（《楹联丛话·卷七》）梁章钜好友江国霖曾回忆，道光己亥秋，他去广西时，见梁章钜“神采嶷然，如深山高林，不可遥测，笺牍唱酬，词翰俱美”，曾受邀一起在五咏堂、李园等处宴饮，“登陟谈宴，终日无倦容”（江国霖《制义丛话·序》）。

桂林叠彩山景风阁

粉墙丹柱动光彩；

高崖巨壁争开张。

【注释】

叠彩山、景风阁：“在桂山之东，山石层层，横断如积叠锦彩，故名……右转至景风阁，唐元常侍晦建亭于此，赋诗游宴。”（金武祥《粟香二笔·卷四》）。

【解析】

联见梁章钜《楹联丛话·卷十一》：“桂林城中岩洞以风洞山为最，即叠彩山也，山中座落又以景风阁为最。叶琴柯中丞绍楏集《禊帖》字为联云：‘林间虚室足觞咏；山外清流无古今。’余亦拟集韩句一联云：‘粉墙丹柱动光彩；高崖巨壁争开张。’”

此联为集句联，均集自韩愈诗。上联出自韩愈《谒衡岳庙遂宿岳寺题门楼》：“粉墙丹柱动光彩，鬼物图画填青红。”下联出自韩愈《卢郎中云夫寄示送盘谷子诗两章歌以和之》：“昔寻李愿向盘谷，正见高崖巨壁争开张。”

唐人元晦曾作有《叠彩山记》：“按图经，山以石文横布，彩翠相间，若叠彩然，故以为名……旷视天表，想望归途，北人游此，多轸乡思……”（《全唐文·卷七百二十一》）。光绪八年（1882年），清人金武祥游历于此，仍见到梁章钜题联，并见有“元常侍清赏处”横额。金武祥在游记中说，“山右有磴道，曲折三百余级，惟陡直无栏楯，俯视目炫……余有绝句云‘绝地通天空倚傍，不嫌独立太孤高’，又云‘半岭已惊高处险，不如还访读书岩’”（《粟香二笔·卷四》），其所描绘者，正是联中"高崖巨壁"之象。此联不仅写景，如金武祥所述，更是写实，且细细品味，笔触间仍不乏梁氏作为一方主官的自信。

苏州沧浪亭

清风明月本无价；

近水遥山皆有情。

【注释】

沧浪亭："苏子美沧浪亭在（苏州）郡学东……子美买地作亭，号曰'沧浪'，前竹后水，水之阳又竹，无穷极。诸君多为之赋诗。"（蒋瀚澄《沧浪亭新志·卷一》）苏舜钦曾作《沧浪亭记》："予爱而徘徊，遂以钱四万得之，构亭北埼，号'沧浪'焉。"

无价：相较其买地之价而言。"北宋名诗人苏舜钦买此园时，为钱不过四万。欧阳修曾用开玩笑的口吻，赠他两句诗云：'清风明月本无价，可惜只卖四万钱。'"（梁羽生《名联谈趣》）

【解析】

联见梁章钜《楹联丛话·卷六》："苏州城南之沧浪亭，自宋牧仲中丞荦修后，复经长洲令许月溪遇及吴中丞存礼、觉罗中丞雅尔哈善三次修葺，今人只知有宋牧仲而已。余藩吴时，复加修治，增设台榭，蔚成大观。好事者合献楹联，而惬心贵当者实少。齐梅麓太守彦槐一联云：'四万青钱，明月清风今有价；一双白璧，诗人名将古无俦。'盖前祠苏长史，后祠韩蕲王也，可称稳切。而'一双白璧'字，究嫌妆点。余因辑《沧浪亭志》得集句一联云：'清风明月本无价；近水遥山皆有情。'上系欧阳文忠句，下系苏长史句，皆沧浪亭本事也。然屡书皆不工，故此联迄未悬挂。"

此联为集句联。上联出自欧阳修《沧浪亭》："清风明月本无价，可惜只卖四万钱。"下联出自苏舜钦《过苏州》："绿杨白鹭俱自得，近水远山皆有情。"

查《苏学士集》《宋诗钞》《宋诗纪事》《御定韵府拾遗》等，皆作“近水远山”，梁章钜引用时改“远”为“遥”。此联所引诗句，“皆沧浪亭本事”，均与苏州和沧浪亭相关，集在一起，浑然天成，借用《沧浪亭记》的话，正是：“尚未能忘其所寓目，用是以为胜焉。”

梁章钜对沧浪亭情有独钟。曾作有《重修沧浪亭记》，“予初由淮海道任两权苏臬，过沧浪亭下……顾予营是役，不特侈观美、耽燕游所弗愿也”（《沧浪亭新志·卷二》）。其《退庵诗存·卷十三》有《重修沧浪亭落成，重九日……和海帆韵其二》诗云：“共听枫林韶濩声，秋光正满阖闾城。清风明月原无价，近水遥山倍有情（出句用欧阳公语，对句用苏长史语，皆沧浪亭本事）。乐在忧先吾岂敢，天从人愿事方生。朝来佳话传吴下，贺九还兼志落成。”将此联亦集入自己诗中。梁章钜另有《沧浪亭》诗云：“上公也爱近山林，况我孤云淡宕心。听鼓声随流水远，放衙人入翠屏深。鼠牙速化谈何易，鸿爪关怀忍不禁。愧说吾家寄庑地，尚容偷暇一微吟”（《退庵诗存·卷十一》），则可见其陶然“清风明月”、怡然自得之状。对于他修建沧浪亭的雅事，当时及后世人也是赞誉不断，如时人顾沅就说“大中丞表彰潜德，勒石汇祀沧浪亭，永馨俎豆，尤为吴中盛世云”（顾沅《吴郡名贤图传赞·例言》）。

此联是梁章钜得意之作，亦为传世之笔。梁氏与沧浪亭亦有毕生之缘。先是道光四年（1824年）兼署江苏按察使时，在沧浪亭行馆寓居；后于山东任上，属题大明湖“小小沧浪亭”；此则道光七年（1827年），于江苏布政使任上，重修沧浪亭，更有诗文、题记等，并与陶澍等同年七人有小沧浪七友之会；此后仍念念不忘，道光二十一年（1841年）归隐后，将此联略增数字，题于自家浦城北东园池上草堂，并于园中修建沧浪馆以纪其事；怀念当年诸友，还定做了一套“沧浪亭七友杯”，可谓毕生情系沧浪。苏州沧浪亭镌刻五百名贤像中，亦有梁章钜画像，杨文荪题像赞曰：“三吴士庶，被德独久。沧浪水清，共兹不朽。”（《苏州沧浪亭五百名贤像赞》）所言不虚也。

民国十八年（1929年），据时人所记，“隶书‘沧浪亭’三字系俞樾书，在今山上亭北石楣上……阙名书楹联石刻。阙名楷书‘清风明月本无价；近水远山总有情’，在今山上亭北两石柱上”（蒋瀚澄《沧浪亭新志·卷四》）。“沧浪亭”匾额现为晚清俞樾书，石柱镌刻楹联“清风明月本无价；近水远山皆有情”，系后修复石刻，亦写“远山”，联未署名。王文濡、王有珩《对联大全·卷十六》误署此联作者为“齐彦槐”。江忍庵《分类楹联宝库·卷十三》下联误写“俱有情”。

彭友元等《对联趣话》、尚文化《楹联写作与欣赏》、汪小洋《中国楹联与诗词文化》皆误称此联系“朱元璋定都南京后，为莫愁湖所题”。另见北京北宫森林公园“天静月华”亭，今亦刻挂此联，但未署名。

扬州平山堂

高视两三州，何论二分月色；

旷观八百载，难忘六一风流。

【注释】

平山堂：“在蜀岗中峰法净寺内，宋欧阳修受扬时建。登堂远眺，江南诸山，拱揖槛前，若可攀跻，故名。深秋时，红叶缤纷，景物尤佳。”（刘隆民《龙眠联话·卷四》）

二分月色：指扬州风物。“天下三分明月夜，二分无赖是扬州。”（徐凝《忆扬州》）

六一风流：“谈有关欧阳修的对联，得先从扬州平山堂谈起……欧阳修任扬州太守时营建的……欧阳修号六一居士。”（梁羽生《名联谈趣》）

【解析】

联见梁章钜《楹联续话·卷之二》：“余初游平山堂在嘉庆元年……余《前编》所录墨卿句，误‘隔江’为‘过江’，兹特正之。余亦新制一联云：‘高视两三州，何论二分月色；旷观八百载，难忘六一风流。’质之阮芸台师，甚壮其语。朱兰坡同年亦曰：平山堂诗，以王荆公‘一堂高视两三州’首为最；平山堂联，以伊墨卿‘隔江诸山’十六字为最。今君此联出，真可鼎立而三矣。因亦用隶体书就，送悬堂楹。王荆公远矣，未知墨卿空中笑人否耳。”又见梁章钜《浪迹丛谈·卷二》：“余于壬寅夏初来游，亦曾撰一联云：‘高视两三州，何论二分月色；旷观八百载，难忘六一风流。’谢椒石同年嘲之曰：‘联句实佳，然二十二字中用数目字多至七八，非古人所讥卜算子乎？’余笑置之。”

王荆公，即王安石，有《平山堂》诗："城北横冈走翠虬，一堂高视两三州。淮岑日对朱栏出，江岫云齐碧瓦浮。墟落耕桑公恺悌，杯觞谈笑客风流。不知岘首登临处，壮观当时有此不。"伊墨卿，即伊秉绶，任扬州知府时曾为平山堂题联："过江诸山，到此堂下；太守之宴，与众宾欢。"梁章钜评曰"语特壮伟，至今不忘，时墨卿正守扬州也"（《楹联丛话·卷七》）。

近人陆家骥评说此联，"一并包括，亦不过三十二字耳"（陆家骥《对联新语》），是言其概括之能，气势豪迈。然梁章钜曾引用其同年进士谢学崇（谢椒石）之言，说此联短短四句，所用数字太多，有"卜算子"之讥嘲。梁章钜对此以"笑置之"，不屑一顾，如前人言，"梁章钜对他自己那副借用前人诗句的题联似乎甚为得意，曾在《楹联续话》卷二记述朱兰坡对他之言曰……今君此联出，真可鼎立而三矣"（梁羽生《名联谈趣》）。客观来说，此联虽数词偏多，但用典自如，一无凑合之感，对仗工整，二无牵强之笔，十一言内气脉流畅，不失名家手笔，说是数字堆积的"卜算子"，只可作玩笑之语。

近人李承衔对平山堂联做过一次综论，可供参考："扬州平山堂联，伊墨卿太守为最，次则莅林中丞'高视两三州'联，亦属伉爽可喜。兵燹后，悬联极多，今略存数则……薛慰农观察时雨云：'遗构溯欧阳，公为文章道德之宗，侑客传花，也自徜徉风月；名区冠淮海，我从丰乐醉翁而至，携琴载鹤，更教旷览江山。'语意雄壮，雅与地合。徐都转文达云：'衔远山，吞长江，其西南诸峰，林壑尤美；送夕阳，迎素月，处春夏之交，草木际天。'跋云：'此岳阳楼楹联也。昔人有移书金陵四松庵壁间者，谓两地风景绝似，咸赏其工妙……爰书此联以应之。'又缦云作、方浚颐书云：'野鹤闲云，喜胜地重游，红叶依然留客住；孤鸿落日，倚晴空长啸，青山如欲过江来。'又张中丞树声云：'偶然杯酒成千古；无数江山送六朝。'"（李承衔《自怡轩楹联剩话·卷二》）

温州江心寺楼

风景不殊，四十余年旧鸿雪；

江山如许，二千里外小金焦。

【注释】

江心寺：“永嘉，自昔以山水闻天下，宋高宗曾驻跸于此，计划抵抗金兵；文天祥亦于此抗元兵。昔贤受此郡者，以晋王右军羲之，谢康乐灵运（玄孙，袭封康乐公）为最著。江心屿，在城北瓯江中，四面环水，寺在屿上；屿之两端，有塔各一。屿南有山，与屿两端相峙，故有小金焦之称。”（刘隆民《龙眠联话·卷四》）

四十余年：“余游江心寺，前后四十余年”（梁章钜《浪迹续谈·卷五》）；“忆余四十三年前登此楼”（梁章钜《浪迹续谈·卷二》）。

鸿雪：以喻陈迹。“人生到处知何似，应似飞鸿踏雪泥。泥上偶然留指爪，鸿飞那复计东西。”（苏轼《和子由渑池怀旧》）

小金焦：“寺建屿上，如镇江之金山寺。屿南有山，与屿两两相对，其形势颇似镇江之金焦二山，故有小金焦之称。”（刘隆民《龙眠联话续编·卷四》）

【解析】

联见梁章钜《楹联三话·卷上》：“江心寺楼上楹帖甚多……余前游有诗而无联，近始补制一联云：‘风景不殊，四十余年旧鸿雪；江山如许，二千里外小金焦。’”又见梁章钜《浪迹续谈·卷二》。

此联是梁章钜四十三年后重游江心寺所作，以自身经历入笔，感慨沧海桑田、物是人非。题联之际，他还历数前辈及同僚所题联语，“余同年李芝龄尚书一联最为时所传诵。句云：‘青山横郭，白水绕城，孤屿大江双塔院；初日芙蓉，晚风杨柳，一楼千古两诗人。’此外，朱沧湄观察亦有句云：‘长与流芳，一片当年干净土；宛然浮玉，千秋此处妙高台。’亦颇超脱。又楼外小柱上有沈茂才步云集唐人一联云：‘潮平两岸阔；江上数峰青。’亦尚自然。此则闻之孙雨人学博，余两度登楼，实皆未见此联也。按：芝龄尚书‘初日、晚风’八字，是合谢康乐、孟襄阳言之。二公皆与孤屿有关，可称巧合。而徐铁孙权守荣一联云：‘众山遥对酒；孤屿共题诗。’则直书孟襄阳之句，且跋云：‘以实孟楼之名。’是为小岘先生扬其波，殊可不必矣”（《楹联三话·卷上》）。

庙祀

高邮露筋祠

庭前夜雨弄孤筱；

门外野风开白莲。

【注释】

露筋祠：“南齐时姑嫂路经其处，其姑不肯寄宿农家，被蚊噬死露筋，后人为立祠。”（王文濡、王有珩《对联大全·卷十八》）“噬”同“啮”，“噬死”即被蚊虫叮咬而死。

孤筱：孤竹。“彼美实枯枝，孤筱定参差。”（沈约《咏笙诗》）

【解析】

联见梁章钜《楹联丛话·卷四》：“露筋祠中联扁林立，就余所见者，以陈曼生郡丞鸿寿所集‘江淮君子水；山木女郎祠’十字为工。黎湛溪河帅亦欲集成一联，举王渔洋‘门外野风开白莲’之句，属余觅对，余以杨升庵‘庭前夜雨弄孤筱’句奉应，河帅首肯，谓意境相称，时代亦不相悬也。然王句是露筋祠本事，杨句实未能恰配，故亦未悬挂。”

此联为黎湛溪出句，梁章钜对句，为集句联。上联据梁氏所引为杨慎诗句，暂未查明出处。下联出自王士祯《再过露筋祠》诗：“翠羽明珰尚俨然，湖云祠树碧于烟。行人系缆月初堕，门外野风开白莲。”黎湛溪，即黎世序，字湛溪，河南罗山人，嘉庆进士，官至河道总督。河帅，即河道总督，“掌黄河、运河之政”

（梁章钜《称谓录·卷二十一》）。

梁章钜《退庵诗存·卷二》另有《露筋祠》诗云："露筋何必鹿筋疑，千载湖壖仰令仪。天藻煌煌风化本，明珰须废阮亭诗。"可见梁章钜撰联、题诗，本意在其当时作为朝中大员，弘扬"风化"的立场。所涉"纲常"主题，着墨过实则难免教条，于是梁氏另辟蹊径，以集句之法，赋比此事，"孤筱""白莲"隐喻其人，则寓意含蓄，如近人张伯驹所评"甚合意境"（张伯驹《素月楼联语》）。

关于此事、此联，清人朱应镐《楹联新话·卷二》有云："高邮露筋祠，据米南宫碑文，神盖唐宋间人，姓萧名荷花，与嫂过此，不肯投宿田舍，被蚊啮露筋而死者……其楹联有云：'白水至今犹一色；绿杨到此不三眠。'又云：'谁与共千秋，有江上曹娥，溪边蒋妹；我来游此地，正湖心月白，门外风清。'不即不离，而贞洁自见……又有集渔洋诗者云：'湖边孤寺半烟筱；门外野风开白莲。'按：梁氏《联话》尝以杨升庵句'庭前夜雨弄孤筱'对渔洋句，而自嫌非露筋本事。今则以王配王，意境恰称，殆胜之矣。"近代王文濡、王有珩《对联大全·卷十八》将露筋祠"谁与共千秋"一联，误署梁章钜名。

泰山岱庙

揽月居然凌上界；

搴云便要洒齐州。

【注释】

岱庙："岱庙在泰安城西北，祀东岳泰山之神，秦汉以来已有之。"（徐珂《清稗类钞·植物类》）"泰山，五岳之长，神灵所聚。"（梁章钜《南省公余录·卷二》）

上界：指天界。

搴云："搴，取也。"（《广韵》）

【解析】

联见梁章钜《楹联丛话·卷六》："余由东臯擢藩吴中，途出泰安，杨蓉峰太守惠元延余宿岱庙中。是夜庙中月色如昼，而绝顶白云滃起，上下竟不相蒙。佥谓三日内必有霖雨。适庙僧索书楹联，因为撰句云：'揽月居然凌上界；搴云便要洒齐州。'"

梁章钜五十二岁那年赴任山东按察使，翌年，又升任江苏布政使，上任路上，"顺途登泰山"（梁章钜《退庵自订年谱》）。时杨惠元为泰安令，留宿梁氏，尽地主之谊。梁章钜感慨"泰山理大物博，秀甲寰区"（梁章钜《楹联丛话·卷六》），只可惜山中佳联殊少，于是应寺僧索求，题留此联。联中，"揽""凌""搴""洒"是言其高，"上界"以扣岱庙，"齐州"以扣山东。联中未言其"高"，却字字皆扣其意，写出了泰山博大之姿。下联"齐州"本是山东一带的古称，但也有人以为"此处'齐州'指中国"（常治国《胜迹名联三百副笺注》）。联想梁氏当时即将到江南"大省"江苏履新，且官升一级，其得意之情，或亦契合当时泰山将降甘霖、遍洒神州之意。吐属高瞻，乃合当时身份与境况。

华山华岳庙

鸳瓦贴云霄，俯挹明星兼玉女；

虎贲卧庭庑，犹强周柏与秦松。

【注释】

华岳庙："汉华岳庙在华阴县东五里……祭华岳……封华岳神为金天王。"（毕沅《关中胜迹图志·卷十三》）

鸳瓦：合对之瓦。

明星、玉女：传说华山之仙女。"太华之山上，有明星玉女，主持玉浆，服之成仙。"（梁章钜《文选旁证·卷十六》）

虎贲：勇士之称，此代指商周遗存。"（周）武王戎车三百两，虎贲三百人，与受战于牧野。"（秦蕙田《五礼通考·卷二百三十四》）

【解析】

联见梁章钜《楹联丛话·卷六》：“华岳庙在华山之麓，壮丽与岱庙同。余由秦入陇，往返信宿，皆在其中。庭中古树极多，或为商周，或为秦汉，皆悬牌为标识。碑刻林立，则多是宋以后物，绝无唐以前者，殊不可解。卢厚山宫保所重摹《延熹碑》，刻工早竣，尚横卧地中，为之叹息者久之。庙僧索留楹联，因漫书付之云：‘鸳瓦贴云霄，俯挹明星兼玉女；虎贲卧庭庑，犹强周柏与秦松。’庙僧未喻其意，亦不知其悬挂与否耳。”

梁章钜首次隐退后，于六十一岁那年进京销假，被授以甘肃布政使，赴任途中，携其子梁逢辰、梁映辰“顺途游华山”（梁章钜《退庵自订年谱》），并有《华阴庙》诗云：“忆昔停车宿岱庙，域中两大齐快睹。丞相中郎迹并湮，负此名区能勿怃。周松汉柏历可指，金石寿转难为伍。虎贲堂下尚横陈，安得欧公起集古。”（梁章钜《退庵诗存·卷二十五》）诗中自注“岱顶秦篆久不可得，见此庙汉碑并拓本，亦稀见矣”，梁章钜也是清代有名的金石学家，留心收藏碑帖，此番见到名碑《华山庙碑》，自然喜出望外，但此番游历也看到友人卢坤（卢厚山）所重摹碑刻，“尚仆庭中，可叹也”，所见荒废之碑多有感慨，遂下联有“虎贲卧庭庑”之叹。

联中“明星”“玉女”历来多望文生义，有解释为星辰、龙女之说，其实俱为华山本事。李白有诗“西上莲花山，迢迢见明星”（《古风·其十九》），张衡《思玄赋》“载太华之玉女兮”，俱指山中仙女。

兰州五泉山寺

佛地本无边，看排闼层层，紫塞千峰平槛立；

清泉不能浊，笑出山滚滚，黄河九曲抱城来。

【注释】

五泉山：在兰州市区南侧皋兰山北麓，因有甘露、掬月、摸子、

惠、蒙五眼泉水而得名。“五泉境为皋兰最胜处。”（《皋兰县志·卷五·山川》）

排闼：如推门而入，此处指山下建筑鳞次栉比。

紫塞：本为秦长城，后指边陲。“秦筑长城，土色皆紫，汉亦然，故去‘紫塞’焉。”（崔豹《古今注·都邑》）

出山：“俯视（五泉山）东龙口，瀑布出其下，石激水飞，声轰轰如出地中。”（张维《兰州古今注·五泉山寺》）

【解析】

联见梁章钜《楹联丛话·卷七》：“兰州城南之皋兰山，又名五泉山。山麓有五眼泉，曰甘露，曰掬月，曰摩子，曰蒙，曰惠。清洌甲于省会诸水，故又名清泉。琳宫绀宇，蔚然巨观。余于卸藩任后，始独游一次。翌日，即戎（原作“戒”）行匆匆，不能成诗，仅留联句畀寺僧，亦不知悬挂与否也。句云：‘佛地本无边，看排闼层层，紫塞千峰平槛立；清泉不能浊，笑出山滚滚，黄河九曲抱城来。’”

梁章钜于道光十五年（1835年）任甘肃布政使，“抵兰州不三月，调直隶布政使，途次，拜巡抚广西之命”（林则徐《诰授资政大夫兵部侍郎都察院右副都御史江苏巡抚梁公墓志铭》），临行之际，游历城南五泉山并留作此联。“五泉山寺，旧名崇庆寺。自毁于燹火，久未复修。民国八年，刘晓岚太史重修大雄殿，改作山门，更寺名曰浚源寺。”（张维《兰州古今注·五泉山寺》）近来书中有署名五泉山浚源寺者，并不准确，按梁氏自署，正名为兰州五泉山寺。范叔寒《中国的对联》则误署为“纪晓岚题联”。

梁章钜在兰州任职时，抚署远眺，可略见五泉山所在的皋兰山势，他亦曾在诗中写过，“离肠客梦缠孤屿，照眼山光忆五泉（甘藩署斋正对五泉山，余与君日从事其中）”（梁章钜《浪迹三谈·卷四》）。此联铺陈开来，以“排闼”“出山”之态，“千峰”“九曲”之势，写出五泉山山色无边的气象，境界开阖，令人神往。黄河从兰州穿城而过，五泉山上可望大河如带。清人吴镇就有诗云：“翠微深处起楼台，天外黄河入酒杯。看尽东川三百里，柳烟花雾绕蓬莱。”（《李汇川雨中邀饮五泉》）梁章钜联中一个“抱”字便将黄河人格化，动静结合，将千古金城紫塞和盘托出。陕西潼关有联：“华岳三峰凭槛立；黄河九曲抱关来。”二者有异曲同工之妙。

苏州韦公祠

唐史传偏遗，合循吏儒林，读书不碍中年晚；

苏州官似谥，本清才名德，卧理能教末俗移。

【注释】

韦公：韦应物。“唐京兆人，少以三卫郎事玄宗，晚更折节读书。贞元中，为苏州刺史，多惠政，世称‘韦苏州’。其诗闲淡简远，比于渊明，称为陶韦。”（刘隆民《龙眠联话·卷五》）“为苏州守，年五十余在郡，政通人和。”（顾沅《吴郡名贤图传赞·卷一》）

唐史：“韦苏州，唐史不为立传。按其行事颇逸。”（范成大《吴郡志·卷第四十八》）

卧理：指政事清简，不劳而治。“淮南近畿，国之形胜，非亲贤不居，卿与我卧理之。”（《南史·卷四十九·刘怀珍传》）

末俗：陋习。“末俗偷巧，内荏外刚，卿大夫无进思尽忠之诚。”（《全唐文·卷六百五十·元稹〈戒励风俗德音〉》）

【解析】

联见梁章钜《楹联丛话·卷四》：“苏州郡学之旁，有名宦专祠四所，祠各有像，岁久倾陁剥蚀。余下车即属长洲令王槐午锡蒲重修，工竣，槐午索余各纪以联。韦公祠云：‘唐史传偏遗，合循吏儒林，读书不碍中年晚；苏州官似谥，本清才名德，卧理能教末俗移。’”

下车，指官员到任。梁章钜自道光六年至十二年（1826—1832年）任江苏布政使，甫才到任，就着手修建名宦乡贤祠堂，在苏州留有惠政的韦应物自在其中。祠堂新修竣工，他还赋有一诗：“外宦高风出左司，凝香燕寝想光仪。读书不碍中年晚，卧理能教末俗移。千载苏州官作谥，两家唐史传偏遗。不须却动炉烟感，清德宜民是我师。”（梁章钜《退庵诗存·卷十三》）同一主题，既诗又联，是梁章钜的一个创作特点，且个别句子诗联雷同。这样以诗证联，以联佐诗，倒也易于读者理解。此联典雅中正，议论中肯，因考虑其身份，又是于学署之旁祠堂所题，难免有所平直。近人评说：“梁氏于联旁有跋识，大意以中年读书，涉世既深，理解

亦易，故倍觉有味云云。”（刘隆民《龙眠联话·卷五》）

另见前人笔记：“韦苏州应物祠在郡学内，宋初未立学时已建，祈梦颇应。祠联有‘斯可以从政；何莫学夫诗’最佳。”（顾震涛《吴门表隐》）

苏州白公祠

讽谕岂无因，乐府正声熟人口；

行藏何足辨，名山大业定生前。

【注释】

白公：白居易。“字乐天，晚号香山。太原人，敏悟绝人……敬宗时以太子左庶子分司东都，复拜苏州刺史。公高行美才，勤于政治，非旬休不设宴。尝筑虎丘堤，民不病涉，未几求去。刘梦得赠诗云：‘苏州十万户，尽作婴儿啼’，盖纪实也……专祠在虎丘山滨。赞曰：白傅伟绩，筑虎丘堤，政成求去，万户婴啼。”（顾沅《吴郡名贤图传赞·卷一》）

讽谕：指白居易新乐府诗倡导讽喻之风。

乐府：指唐朝新乐府诗。“少陵所作新题乐府，题虽异于古人，而深得古人之理。元、白以后，此体纷纷矣。”（吴乔《围炉诗话·卷二》）

行藏：行止。此处引白居易诗“机心一以尽，两处不乱行。谁辨心与迹，非行亦非藏”（白居易《朝回游城南》）。

名山大业：著书立说。“以拾遗补艺，成一家之言……藏之名山，副在京师，俟后世圣人君子。”（《史记·太史公自序》）

【解析】

联见梁章钜《楹联丛话·卷四》：“苏州郡学之旁，有名宦专祠四所，祠各有像，岁久倾陁剥蚀。余下车即属长洲令王槐午锡蒲重修，工竣，槐午索余各纪以联……白公祠云：‘讽谕岂无因，乐府正声熟人口；行藏何足辨，名山大业定生前。’有疑行藏句‘太空’者，余曰‘谁辨心与迹，非行亦非藏’，即用香山诗意，但非注脚不明耳。”

白公祠即梁章钜莅任江苏布政使时，苏州新修四祠之一。竣工之日，亦有诗云：“吟罢东都池上篇，西亭更对北林妍。等闲已见疲民活，并代相承长吏贤。乐府正声熟人口，名山大业定生前。会他吏隐心原合，皓月澄波万古鲜。”（梁章钜《退庵诗存·卷十三》）联中对白居易之赞誉恰当中肯，“熟人口”“定生前”之语看似寻常自然，却已是极高评价。梁章钜自己也说，联写成后，有人不明就里，而他“即用香山诗意，但非注脚不明耳”。如其所说，此联其实句句典出“白诗”。梁章钜五十八岁首次归隐时，还曾以“白公”自喻，对乐天诗文也熟谙于胸，往往信手拈来。故此联正如张伯驹先生评曰“颇近自然”（张伯驹《素月楼联语》）。

苏州况公祠

姓字播弦歌，韦白以来成别调；

功名起刀笔，萧曹自古是奇才。

【注释】

况公：况钟。“明靖安人。初为吏，永乐中，荐授礼部郎中，出知苏州；为政务锄豪强，植良弱，兴利除害，不遗余力。秩满当迁，郡民乞留，诏进二秩留任，卒于官。”（刘隆民《龙眠联话·卷五》）

弦歌：“况钟字伯律，此处双关，指被人传诵。”（胡毅雄《清十大名家对联集·梁章钜联集》）

韦白：韦应物、白居易。“皆仕苏州，有祠在苏。”（刘隆民《龙眠联话·卷五》）

刀笔、萧曹：指汉代萧何、曹参，二人皆由刀笔吏起家。

【解析】

联见梁章钜《楹联丛话·卷四》："苏州郡学之旁，有名宦专祠四所，祠各有像，岁久倾陁剥蚀。余下车即属长洲令王槐午锡蒲重修，工竣，槐午索余各纪以联……况公钟祠云：'姓字播弦歌，韦白以来成别调；功名起刀笔，萧曹自古是奇才。'"

况公祠即梁章钜莅任江苏布政使时，苏州新修四祠之一。竣工之日，亦有诗云："下车条已凛风裁，念念东南杼轴哀。韦白以还成别调，龚黄自古是奇才。禅官姓字流传遍，儒士功名特远来（公以礼部儒士起家）。我亦十年兰省客，南宫香火首重回（仪制司土地庙相传即祀公也）。"况钟是明代有名的刚正廉吏，《明史》说他"刚正廉洁，孜孜爱民，前后守苏者莫能及"（《明史·列传第四十九》）。此联以韦白、萧曹类比况钟，以衬托其品行。"况钟不是进士出身而是县吏出身，这在科举时代常常是被人瞧不起的。但是梁章钜用一句'萧曹自古是奇才'举重若轻地变贬为褒，是深明'翻案文章易出彩'的道理。"（时习之《时习之对联文选》）

苏州陈公祠

洛蜀任分门，惟楚有才，增赋肯凭官似虎；

河淮方夺路，如尊乃勇，拯民忍使国无鸠。

【注释】

陈公：陈鹏年。"字北溟，号沧洲，湘潭人。康熙三十年进士，由武英殿纂修出知苏州府……四十九年诏兼署江苏布政使事……赞曰：治河有策，采风有诗，政通人和，来者之师。"（顾沅《吴郡名贤图传赞·卷十九》）"以清廉著称，有'陈青天'之誉。"（李文郑《中国名联鉴赏》）

惟楚有才：陈为湘人，故言。

官似虎：援引"小子识之，苛政猛于虎也"（《礼记·檀弓下》）。

河淮：“陈鹏年……官至河道总督。”（梁章钜《吉安室书录·卷五》）

夺路：指河流改道，水患之危。“力瘁河淮夺路秋。”（梁章钜《退庵诗存·卷十三》）

如尊乃勇：“河来屹不去，如尊乃勇耳。”（苏轼《送顾子敦奉使河朔》）

无鸠：鸠，使之安定。“宗国无鸠，乃歌《圻父》。”（沈德潜《古诗源·例言》）

【解析】

联见梁章钜《楹联丛话·卷四》：“苏州郡学之旁，有名宦专祠四所，祠各有像，岁久倾陁剥蚀。余下车即属长洲令王槐午锡蒲重修，工竣，槐午索余各纪以联……陈公鹏年祠云：‘洛蜀任分门，惟楚有才，增赋肯凭官似虎；河淮方夺路，如尊乃勇，拯民忍使国无鸠。’”

陈公祠即梁章钜莅任江苏布政使时，苏州新修四祠之一。竣工之日，亦有诗云：“刚峰而后有沧洲，真与斯民共乐忧。增赋肯凭官似虎，振荒忍使国无鸠。身危洛蜀分门日，力瘁河淮夺路秋。省识须眉如有悟，信知自古楚材优（公貌与今中丞安化陶公相肖）。”联中“洛蜀”，指洛、蜀二党，为宋哲宗时党争，“元祐末，洛、蜀党人互相攻诋”（《宋元学案·卷二十一》），此处指陈鹏年就任之初的处境，如梁氏所言，“身危洛蜀分门日”（梁章钜《退庵诗存·卷十三》）。但难得的是，陈鹏年处乱不惊，治理有序，因此获梁氏较高评价。此联紧扣陈鹏年事迹，议论得当。“官似虎”与“国无鸠”，对仗颇工。

梁章钜在写到“惟楚有才”时，还想到了他的同年好友陶澍。因在修建祠堂时，摹刻陈鹏年画像，他觉得陶澍“状貌雄伟，方口丰髯，酷似其乡陈恪勤公”。祠堂竣工时，他诗中所写“省识须眉如有悟，信知自古楚材优”即说此事，并说陶澍听闻后，“亦颇自喜”（梁章钜《楹联丛话·卷十》）。后来陶澍病逝，他还将此写进挽联：“尹文端厚泽深仁，重见江乡说遗爱；陈恪勤精心果力，方知楚产信多才。”

扬州建隆寺李招讨祠

万叠云山供远恨；

一家烟雨是元功。

【注释】

李招讨：后周李重进，宋太祖赵匡胤称帝后，其起兵抵抗不成而自焚。“（宋）太祖即位……将率禁兵讨重进……城将陷……即纵火自焚……扬州既平。”（《宋史·卷四百八十四·列传第二百四十三》）

元功：“显爵所以褒元功，重赏所以宠烈士。”（《三国志·魏书·齐王芳纪》）

【解析】

联见梁章钜《楹联三话·卷上》：“建隆寺本后周李招讨重进旧宅。宋师入城，招讨力不能支，合室自焚，因敕建为寺，即以建隆年号为名。近僧小支手辑《建隆寺志》，并欲于寺中西偏募建李招讨祠龛，征余楹柱之语。余集唐刘兼、陆龟蒙诗句应之，云：‘万叠云山供远恨；一家烟雨是元功。’近但云湖都转亦题一联云：‘宋史何妨称叛宋；周亲毕竟欲存周。’亦有味也。”

又见梁章钜《浪迹丛谈·卷二》：“建隆寺本后周李招讨重进旧宅……近僧小支手辑《建隆寺志》，并绘《建隆寺图》，征名流题咏，余次云台师韵云：‘竹西讲忠义，似梅香破腊。古寺抱冬心，千载不萧飒。支公爱神骏，怀古如响答。冷缘与俗判，胜践招我踏。阐幽合名流，好事仗老衲。咄哉淮海浊，鄙词委尘劫（姜白石有《淮海浊》乐府，即咏李招讨事，宋臣之言自应尔也）。珍兹图志传，敬仡香火接。隔邻梅花岭，贞风共猎猎。’时小支欲于寺中西偏募建李招讨祠龛，征余楹柱之语，余集唐刘兼、陆龟蒙诗句应之云：‘万叠云山供远恨；一家烟雨是元功。’近但云湖都转亦题一联云：‘宋史何妨称叛宋；周亲毕竟欲存周。’亦有味也。”

此联为集句联。上联集自刘兼《登楼寓望》：“万叠云山供远恨，一轩风物送秋寒。”下联集自陆龟蒙《阖闾城北有卖花翁，讨春之士往往造焉，因招袭美》：“十亩芳菲为旧业，一家烟雨是元功。”此联虽为集句，但对仗甚工，尤其一“恨”一“功”之评，联想李重进事迹，可谓其一生定论，切人切情，真如生铁铸成。本是应酬，却能在短时间内集此妙句，由此亦可见梁章钜读书之富，运用自如。

温州东瓯王庙

尝胆卧薪，早有雄心绳祖武；

芟嬴夷项，独膺奇寿奠王基。

【注释】

东瓯王：“温州祠祀以东瓯王庙为最先。王名驺摇，越王勾践七世孙，与闽王无诸分理东南滨海地，而雄才大略殆有过之。嗣与无诸俱为秦所并，王独率其民从众诸侯灭秦，又从汉灭项籍，至惠帝三年复封东海王。没葬瓯浦山。国人群称为东瓯王。《史记·封禅书》亦言‘东瓯王寿至一百六十岁’。盖秦汉之际一异人也。”（梁章钜《楹联三话·卷上》）

尝胆卧薪、绳祖武：勾践故事，东瓯王为“越王勾践七世孙”，以其祖轶事以譬喻。

芟嬴夷项：嬴，即嬴政；项，即项羽。芟、夷，铲除之意。此处指“王独率其民从众诸侯灭秦，又从汉灭项籍”（梁章钜《楹联三话·卷上》）。

奇寿：“昔东瓯王敬鬼，寿至百六十岁。”（《史记·封禅书第六》）

王基：帝王基业，指东瓯称王。

【解析】

联见梁章钜《楹联三话·卷上》：“温州祠祀以东瓯王庙为最先……余初至温州，即访王庙。值郡人庀工修饰，轮奂一新，荷平成者思明德，享粒食者颂思文，王之得兹美报，宜矣！顾自汉迄今千有余年，鲜有歌咏其事者，惟国初朱竹垞先生五排一首云：'九牧维扬外，三江霸越余。入关从汉约，遵海裂秦墟。豪俊宜如此，艰难气不除。策功夷项籍，分壤接无诸。万古开王会，孤城拱帝车。灵旗存仿佛，过客尽欷嘘。侧想风云会，乘时草昧初。远途今日暮，下拜独踌躇。'足以存王之英概。余拜瞻之余，怵于崔颢在前，不能成句。谨献一联云：'尝胆卧薪，早有雄心绳祖武；芟嬴夷项，独膺奇寿奠王基'。"

此联句句依典，当以梁氏笔记中所记东瓯王之事参照而读，如此，则知其人其事。见梁氏笔记，对东瓯王另有详细考证，兹录于此，以供参考："温州旧迹，以东瓯王庙为最先，犹吾闽之祀无诸也。旧志载：'东瓯王庙在华盖山下。王姓驺，名摇，越王勾践七世孙，为秦所灭，遂率其民从诸侯灭秦，又从汉灭项籍，惠帝三年封东海王，没葬瓯浦山，因立庙焉。明以前，皆称永嘉地主昭烈广泽王，洪武间，始诏定为东瓯王。'按汉封号本曰东海王，特以都东瓯，故共称为东瓯王，而《史记》已有东瓯王之号，故明祖遂仍之。考驺摇之被灭于秦，当在始皇之三十三年丁亥略取南越地时，越八年为汉高祖元年，其佐灭秦灭楚，当即在此数年中。又越十五年为惠帝三年己酉，始举高帝时越功，立为东海王，都东瓯。其卒年无可考，而《史记·封禅书》载越人勇之言：'越人俗鬼，而其祠皆见鬼，数有效。昔东瓯王敬鬼，寿至百六十岁，后世怠慢，故衰耗。'敬鬼得寿，言固荒诞，而百六十岁之语，必是当时相传如此，非尽无稽，惜别无所征，但言东瓯王，亦未知即属驺摇否也。"（梁章钜《浪迹续谈·卷二》）

关庙

威震华夏；

志在春秋。

【注释】

威震华夏：与关羽有关的典故。见《三国志·蜀志卷六》："秋，大霖雨，汉水泛溢，禁所督七军皆没。禁降羽，羽又斩将军庞德。梁、郏、陆浑群盗或遥受羽印号，为之支党，羽威震华夏。”

志在春秋：指关羽读《春秋》事。见刘廷玑《在园杂志·卷二》：“关夫子殿额，多用‘志在春秋’。”

【解析】

联见梁章钜《楹联丛话·卷三》：“商邱宋文康公权过蒲州，谒关庙，见一联云：‘恕同文武；道即圣贤。’公以对句不工，思有以易之。偶午睡，梦神告之曰：何不云‘志在春秋？’此事见《筠廊偶笔》。恐系文康托梦以神其事。按：《三国志》本传有‘威震华夏’语，似亦可对‘志在春秋’。”

宋文康，即宋权，明天启进士，任都察院右佥都御史，入清后任顺天巡抚等，顺治九年（1652年）卒，赠谥文康，为清初联家宋荦之父。梁章钜本是引用宋荦《筠廊偶笔》，讲述宋文康关庙梦联之事，后又一时“技”痒，自己对句。此联虽为梁氏偶一为之，然毕竟出其手笔，故今选录其中。近人华超《分类楹联大全·第九编》、琴石山人《古今楹联大观·卷下》、江荫香《楹联观海》及《楹联精华》均收录此联，但未署名。梁申威等《关庙楹联大观》、常治国《胜迹名联三百副笺注》、王存信等《中国名胜古迹对联选注》、程裕祯等《中国名胜楹联大观》等所录此联题于吉林市北山关帝庙，应是后人移用此地。今权且定名“关庙”。

梁启超《清代学术概论》评价，“清初诸师皆治史学，欲以为经世之用……其专考证一史者，则有……梁章钜之《三国志旁证》……其尤著也”，对梁章钜在治三国史上的成就予以肯定。梁章钜的确专注于三国史略，即便联话中涉及三国故事，也是不惜笔墨，大段铺陈。后在《楹联续话》言及“然余终嫌‘志在春秋’语非正史所有也”，故当年以“志在春秋”对“威震华夏”，在他眼中也不过是笔墨游戏。然三国历史，尤其关羽之神话，千百年来广泛流传，乃至今日，梁氏不经意间留下的这八个字，更远题白山黑水之间，亦为他所料不及。

廨宇

荆州府厅事

政惟求于民便；

事皆可与人言。

【注释】

厅事：官署厅堂，又作“听事”。

民便：“表明他两袖清风，一心为民的心迹。”（《清十大名家对联集》）

人言：“礼义不愆，何恤于人言。”（《左传·昭公四年》）

【解析】

联见梁章钜《楹联丛话·卷八》：“余初历外任，即守荆州。尝于厅事漫题一联云：‘政惟求于民便；事皆可与人言。’石晓田郡丞煦逢人述之。”

出守荆州，是梁章钜第一次离开京城到地方做官。他在年谱中记道：“道光元年辛巳，四十七岁……闰三月，授湖北荆州府知府。次日，具折陈谢，召见于乾清宫西房。五月，挈眷出都。六月，莅荆州任。”但到任后不久，就碰到监利、沔阳两地“争水相仇杀，官不能治”的矛盾，然而他并未惧难，“乃先以诗歌代为文告劝谕之，又为亲莅水滨，议清界址，两境士民悉服，其患遂平”（梁章钜《退庵自订年谱》）。离京赴任前，他在写给友人的诗中还嘀咕了几句：“腐儒为吏怯，薄宦感知多。”（梁章钜《退庵诗存·卷十》）甫一到任，不料就经历这些复杂的事情，或许写此联时，他对“民便”“人言”的感触会更深几分。他将此看作自己的“就职宣言”（常江《中国对联谭概》）。

早在梁章钜之前，宋人曾有桃符题句“事可对人语；心常如水平”，梁章钜联语是否化用此句暂不得而知。但他曾明确说过，“士君子到一处，便思尽一处职业，方为素位而行。故当官者无论久暂崇卑，一入门即当心安志定，为地方筹久远之计”（梁章钜《退庵随笔·卷四》）。施政以民为便，这是官员的本分，毋庸置疑，可贵的是下联“事皆可与人言”的勇气，用现在的话说就是坚持“政务公开”，坦然接受监督，舆情以疏导为上策，既然一心为民，又怎会有怕百姓知道的事情呢？除非自己心里有“鬼”。

梁章钜这副对联对家人也影响很深，三子梁恭辰就任温州知府后，便在府中修建“节俭正直之堂”，并将此联重书后予以悬挂，梁章钜感慨，“盖余初出守荆州时，曾书此十二字于客座之旁，恭儿至今服膺不释耳”（梁章钜《浪迹续谈·卷二》）。

江南淮海河务兵备道厅事

到此真成以政学；

相逢但愿由中行。

【注释】

政学：“政当读政事之政，学当读为教。政学即政教也。”（王引之《经义述闻·周官下》）

中行：合乎中庸之道。

【解析】

联见梁章钜《楹联丛话·卷八》：“余初历外任，即守荆州……未及一年，擢淮海监司，实管河防，非所习也，因题厅事云：‘到此真成以政学；相逢但愿由中行。’万廉山郡丞承纪亦亟称之。”

梁章钜于道光三年（1823年）任江南淮海河务兵备道。六月，至清江浦莅任。后几经辗转，曾调署江苏按察使，又曾管理盘运漕粮总局，来回两离两任，至道光六年（1826年）调任山东按察使。初到淮海道，他即在厅中题写此联用以自励。孔子说，“不得中行而与之，必也狂狷乎”（《论语·子路》），梁章钜深谙此意。他将此联题在衙署，便是当作格言，操以实政，须行稳以致远。梁章钜在自订年谱中记载，在任期间，他就遇到“高家堰失事，劳劳襄办者三阅月”，河淮治理，往往艰难异常。“在苏任职期间，他用很大的精力注意漕运河工诸要政。”（张捷夫《清代人物传稿·下编》）好友林则徐也评价梁章钜为官之道说：“为政持大体，不以科条缴绕。”其处事风格，亦映照此联文字。

江苏藩署

爽气挹天平，国计民生如此象；

雄藩称地户，湖光江色照余心。

【注释】

天平：指苏州天平山，亦取天开地阔之象。

地户：传说天有门、地有户，天门在西北，地户在东南，因称东南为“地户”，此亦指江苏为东南门户。“吴越二邦，同气共俗，地户之位，非吴则越。”（袁康《越绝书·卷第七》）

【解析】

联见梁章钜《楹联丛话·卷五》：“衙署厅斋楹帖，有可当官箴者……余在江苏藩署，亦有一联云：‘爽气挹天平，国计民生如此象；雄藩称地户，湖光江色照余心。’”

藩署，即布政使署衙，亦称藩司，“今则为布政使之专称矣”（梁章钜《称谓录·卷二十一》）。梁章钜自道光六年至十二年（1826—1832年）任江苏布政使，好友陶澍自道光十年（1830年）八月至十九年（1839年）三月任两江总督，好友林则徐则于道光十二年（1832年）二月任江苏巡抚。梁章钜曾言："江南赋额之重甲于天下……其不均甚矣。余藩吴五年，日思此事。"（梁章钜《退庵随笔·卷八》）作为掌管全国财赋重镇经济户政的主官，他深感责任之重，于是恪尽职守之志，殚精竭虑之心，于联中皆可体味得到。此联于写景中切其故实，尤其"天平""地户"之笔，不着痕迹，俱有所指，又各有暗含，一语双关，是其高明之处。

梁章钜跟江苏颇有渊源，如其所说，"计余官大江南北，历观察廉访旬宣，并四权抚篆，前后凡八年有余"（梁章钜《退庵自订年谱》）。在江苏这几年，他确也是将"国计民生"放在心上，一如己言。友人王庆云在为他所撰《七十寿序》中即说："先生精吏事，所至有善政，所拔荐多伟人。宦东南久，屡修水利，如泖湖、练湖、吴淞、孟渎，为泽甚溥。辛卯江淮大水，流民塞道，先生多方资送留养，凡活六十余万人。"（梁章钜《归田琐记·卷二》）作为江苏人，他的恩师阮元也评价说："窃谓中丞之抚吴也，恩惠浃于吾乡，至今熟在人口。"（阮元《戏彩亭诗事·序》）好友林则徐更是在为梁章钜所作墓志铭中盖棺定论："计公在江苏，由监司历藩臬，四权巡抚，前后九年有余，宦迹所驻，莫久于江苏；功业所施，亦莫著于江苏。"

广西抚署怀清堂

怀哉惟清，既到此间须刻鹄；

勤将补拙，敢云余暇可骖鸾。

【注释】

刻鹄：以喻效仿前贤。

勤将补拙："救烦无若静，补拙莫如勤。"（白居易《自到郡斋题二十四韵》）

骖鸾：追随前贤之意。"宋代范成大著有《骖鸾录》，自述他由南宋都城临安到桂林作静江知府时沿途经过。梁章钜联中用'骖鸾'一

词，当系受范成大的影响。”（黄太茂《梁章钜楹联辑注》）

【解析】

联见梁章钜《楹联丛话·卷五》：“衙署厅斋楹帖，有可当官箴者……抚桂林时，东偏有怀清堂，为百文敏公题扁，余配以联云：‘怀哉惟清，既到此间须刻鹄；勤将补拙，敢云余暇可骖鸾。’”

梁章钜于道光十六年（1836年）六十二岁时，携其子梁丁辰、梁敬辰赴任广西巡抚，并兼署广西学政。抚署，即巡抚署衙。梁氏任职期间，依然恪守廉洁、勤理政务，其师阮元评曰：“其抚粤西五年，控制得宜，桴鼓无警，余曾手制楹联赠之云：‘江乡仁惠传荒政；岭表恩威播外夷。’综前后宦绩，其与忠献之帅蜀，将毋同。”（阮元《戏彩亭诗事·序》）林则徐说他“气高以闳，志廉而恪”（林则徐《诰授资政大夫兵部侍郎都察院右副都御史江苏巡抚梁公墓志铭》），当是联中“怀哉惟清”的最好注脚。此联既言勤政，也在慕贤，而以范成大从江南到桂林任职之事自喻。梁章钜在广西任上，有《楹联丛话》《文选旁证》《国朝臣工言行记》《制义丛话》等诸多著述，与范成大所著《骖鸾录》有异曲同工之妙。

值得一提的是，梁章钜作为一代楹联宗师的开山之作《楹联丛话》十二卷，正是“始于桂林节署，阅二年而稿成”（梁章钜《楹联续话·序》）。

苏州潘曾沂课耕楼

侧同幽人居，水木明瑟；

遂存往古务，冬夏播琴。

【注释】

课耕：“区田之法，传自伊尹，潘功甫舍人曾沂于吴下试行之……尝于田畔临水构课耕楼，颇饶野趣。”（胡君复《古今联语汇选》）

幽人：幽隐之人。

播琴：“播种也。”（《水经注疏·卷二十一》）

【解析】

联见梁章钜《楹联丛话·卷六》："区田之法传自伊尹，潘功甫舍人曾沂于吴下试行之。因绘图撰说，流播远迩。尝于田畔临水构课耕楼，颇饶野趣。索余楹帖，为集成语云：'侧同幽人居，水木明瑟；遂存往古务，冬夏播琴。'韩桂舲先生亟称之。"

此联为集句联。上联分别出自颜延之《赠王太常僧达诗》："侧同幽人居，郊扉常昼闭。"郦道元《水经注·济水注》："目对鱼鸟，水木明瑟，可谓濠梁之性，物我无违矣。"下联分别出自卢谌《赠崔温诗》："远念贤士风，遂存往古务。"《山海经·海内经》："百穀自生，冬夏播琴。"

潘曾沂，字功甫，江苏吴县（今属苏州）人，大学士潘世恩之子。"嘉庆丙子举人。字祖念，自号小浮山人。援例为内阁中书入值，仅年余旋谢病归。闭关郤轨，即素交亦不能入其室。余藩吴中，独相契重。然亦仅以诗文、手简相往复，未尝有一面之缘也。中年耽禅悦，偶出游名山，一走京师省亲，归仍杜门不出。有《功甫小集》一本，二十年前已付梓人。此后想撰述益富，无由寓目矣。"（梁章钜《师友集·卷六》）梁章钜与之友善，早年一起与陶澍、林则徐、李彦章等，皆是京城宣南诗社中人。诗文中多有题赠，如这首："吴下佳公子，门材非所矜。浮华都不与，静学若无能。志本摩霄鹤，身如退院僧。助余举荒政，意美力还胜（道光辛卯，江南北水灾，君助余留养流民至四万余口）。"如其所说，潘曾沂虽为名门公子，但"中年耽禅悦"，不喜俗事，常"杜门不出"，故联中所云"幽人居""往古务"之笔，亦隐喻其世外高人之风。此联将潘曾沂在农耕上的尝试，以文人乐以水木的情趣予以解读，"冬夏播琴"，饶有风韵，想必"隐士"潘曾沂见之，也会十分欣喜。

扬州水仓

其一

事前定则不跲；

门虽设而常关。

其二

玉瓒何烦裨灶禳；

金莲永免祝融灾。

【注释】

水仓：储水应急之所，古时消防机构。“扬州城内街巷多设水仓，其法甚善，他郡县所宜仿行也。”（梁章钜《浪迹丛谈·卷二》）

不跲：不为牵绊。

玉瓒：圭瓒，礼器。此处取《诗经》“喻周邦之民独丰乐者，被其君德教”之意。

裨灶：春秋郑国时的星象家，曾预言火灾，要求主上祭祀祈禳而被拒。“裨灶曰：‘不用吾言，郑又将火。’”（《春秋左传正义·卷四十八》）。

金莲：水中金莲，亦指金饰花灯，为“金莲华炬”，形容天子礼遇，此处喻天子庇佑以免灾祸之意。“烛尽，帝以乘舆、金莲华炬送还，院吏望见，以为天子来。”（《新唐书·令狐绹传》）

祝融：南方之神，亦尊火神。“夫黎为高辛氏火正，以淳耀敦大，天明地德，光照四海，故命之曰‘祝融’。”（《国语·郑语》）

【解析】

联见梁章钜《楹联三话·卷上》：“扬州城内街巷多设水仓，以备郁攸之惊。他处所宜仿行者也。孙春洲为作门联云：‘事有备以无患；门虽设而常关。’罗茗香云，此联原本出句系‘井用汲以受福’，后始改‘事有备以无患’，余又改为‘事前定则不跲’。近又别拟一联云：‘玉瓒何烦裨灶禳；金莲永免祝融灾。’”

又见梁章钜《浪迹丛谈·卷二》：“相传乾隆五十九年四月，新城多子街一带，不戒于火，每延烧彻昼夜，有余观德者，人颇豪侠，视而悯之，因创设水仓。其地在人烟稠密距河稍远之区，买屋基一所，前设门楹，中为大院，置水缸百十只，满贮以水，复置水桶百十只，兼设水龙一二具，扬州俗语谓之水炮。设有左近报火者，汲桶可以立集，炮夫可以即行。孙春洲为作门联云……近日各衢路增设愈多，章程愈密，可谓法良意美。”

第一联为集句联，孙春洲原有下联，梁章钜对以上联。水仓有大小水缸、水桶，当然是有备无患，以防万一，而谁都不愿这里经常接到“火警电话”，宁肯常常“关门大吉”。联想其消防功用，一看此联典故别解，便知精妙。“门虽设而常关”本是陶渊明《归去来兮辞》中的成句，搬到这里，用其表意，可谓别出心裁。至于第二联，不识者误解“裨灶”“金莲”，常以为神祇、佛陀之说，殊不知梁之本意，实乃王权之鼓吹。

温州张园池上楼

面壁拓幽居，一角永嘉好山水；

筑楼存古意，千秋康乐旧池塘。

【注释】

面壁：闭门独处，不闻外事。“方将求田问舍，为三百指之养；杜门面壁，观六十年之非。”（苏轼《答王幼安宣德启》）

永嘉：“温州为晋永嘉郡地，至唐始更名温州。”（《温州府志·二十二卷》）

康乐：指谢灵运。“袭封康乐公……性奢豪，车服鲜丽，衣裳器物，多改旧制，世共宗之，咸称‘谢康乐’也。”（《宋书·谢灵运传》）

旧池塘：指谢公池。“在东为张园，紧贴积谷山下”（梁章钜《浪迹续谈·卷五》）。

【解析】

联见梁章钜《浪迹续谈·卷五》：“温州城中有三园，皆足供士大夫游宴之所。在西为陈园，曲径通幽，台榭错出，聊堪小憩。陈园之南为曾园，则水木明瑟，亭馆鲜妍，远出陈园之右。其所编桂屏，所筑水槛，尤具匠心，为他园林所未见，思以两诗纪其胜，尚未能成章也。在东为张园，紧贴积谷山下，按《太平寰宇记》言‘谢公池’在积谷山之东，积谷山即今东山，则谢池旧趾，似即在此山之左近。故张鉴湖观察亦就此地辟园起楼，以存其意，而属蔡生甫学士书‘池上楼’三字为楼匾。楼之左为‘鹤舫’，并水依山，最为幽胜，余屡游宴其中。山即东山之麓，水即城下之濠，实为城中第一胜区。因撰一柱联云：‘面壁拓幽居，一角永嘉好山水；筑楼存古意，千秋康乐旧池塘。’”另见梁恭辰《楹联四话·卷一》所录全同，但仍署“余屡游宴其中”。

“《太平寰宇记》谢公池在州西北积谷山之东，谢公梦惠，连得诗于此。”（《浙江通志·卷五十》）谢灵运有《登池上楼诗》，其中写道“潜虬媚幽姿，飞鸿响远音……池塘生春草，园柳变鸣禽……持操岂独古，无闷征在今”（《浙江通志·卷五十》）。梁氏此联，便紧扣谢灵运之典，以其笔下诗意而写。从手法上来看，此联仍是以地切题之法，“一角”之笔，不觉生动，而“永嘉”“康乐”本来都有实指，但不考虑本意，即便字面意思相对，也不失风趣。

佳话

赠张师诚

儒无名士气；

佛是老臣心。

【注释】

名士气：“名士气习多傲兀。”（袁枚《随园诗话·卷一四》）

佛是老臣心：张师诚好礼佛，“师（张师诚）通内典，官厨常戒杀”（梁章钜《师友集·卷一》）。

【解析】

联见梁章钜《楹联三话·卷下》：“张仲甫所居堂中有林少穆督部手书一联云：‘应视国事如家事；能尽人心即佛心。’跋云：‘一西老夫子大人抚闽中，座右悬此对语。则徐昕夕随侍，知夫子立心行事，皆实践斯言之义。兹命书楹帖，即录此二语，志铭佩之忱云。’按：余在兰渚师幕中，却未获睹此联；师又号一西，亦余所未闻。仲甫曰：‘此先仓侍公所自集楹帖。上句乃仁庙面谕之语，下句则嘉庆丙寅年所奉乩词也。’按：余有奉怀吾师句云：‘儒无名士气，佛是老臣心。’刻入《师友集》中。仲甫见之，以为稳切之至，亦可作楹帖也。”

一西老夫子、兰渚师，皆指张师诚。张师诚，浙江归安人，乾隆进士，官至福建巡抚、闽浙总督。林则徐、梁章钜早年曾入其幕府，张仲甫即张师诚子。“嘉庆中（张师诚）抚闽时，招余入幕代撰《御制全史诗注》及各种奏御文字。”（梁章钜《师友集·卷一》）梁章钜曾赠诗张师诚："廿载封疆寄，三朝阅历深。儒无名士气，佛是老臣心。刮目忘予老，披肝匪自今。始知清不刻，片语抵兼金（道光五年荐举疏中有'清而不刻'语，引对时天语曾及之）。"此联正是从此诗中摘句而来。观其文字，字字工对，又切其人。梁章钜《楹联三话·卷下》记载，张师诚曾让梁章钜书写他撰写的一副楹联："戒之在色，戒之在斗，戒之在得；职思其居，职思其内，职思其忧。"并告诉梁章钜，"'斗'之一字，不必定指血气之勇也。我辈既入名场，大凡奔竞之心、倾轧之途，皆斗象也。足下此时屏居州里，自然心平气和。将来一登宦途，切须戒之。而使酒骂座，犹其小焉者矣"，梁章钜曾将此引为座右铭。联中所现张师诚性格，配合其曾命梁章钜所书此"三戒"之联，方好佐之。

张师诚对梁章钜青眼有加，"尝与人曰：福州以梁某与林少穆、李兰卿为三杰"（梁章钜《师友集·卷一》）。而巧的是，梁章钜、林则徐、李彦章这"三杰"，亦福州联坛之三大杰出人物耳。

赠林则徐其一

麟阁待劳臣，最难西域生还，万顷开荒成伟绩；
凤池诏令子，喜听东山复起，一门济美报清时。

【注释】

麟阁：原指汉麒麟阁，以喻贤臣。"麒麟阁，萧何造，以藏秘书，处贤才也。"（《三辅黄图·阁》）

劳臣：有功之臣。林则徐《送嶰筠赐环东归》诗云："天山古雪成秋水，替浣劳臣短后衣。"嶰筠，即支持林则徐禁烟，且同戍伊犁之邓廷桢。

西域生还、东山复起："少穆由西域赐环后，先权陕甘总制，旋抚关中。"（梁章钜《楹联三话·卷下》）生还，"玉堂应是回翔地，不仅生还入玉门。"（林则徐《送嶰筠赐环东归》）

万顷开荒："其（林则徐）三年塞上，开垦屯田，厥功尤伟。以逐臣而犹为民为国，岂复是寻常报称之情。"（梁章钜《楹联三话·卷下》）

凤池：凤凰池，代指内阁，见梁章钜《称谓录·卷十二》。

令子：指林则徐长子林汝舟，字镜帆，"时林由新疆戍回，子以翰林供职入京"（王文濡、王有珩《对联大全·卷二十三》）。

【解析】

联见梁章钜《楹联三话·卷下》："少穆由西域赐环后，先权陕甘总制，旋抚关中。绥辑番民，管理捐务，公私具举，欢颂载途。而不知其三年塞上，开垦屯田，厥功尤伟。以逐臣而犹为民为国，岂复是寻常报称之情。近虽因病陈情，行将感激复出。且闻已饬哲嗣楫之编修还朝供职，其为心存君国，实远迩所同钦。适承公以长联（二千石联）寄赠，不揣固陋，亦勉成数语报之。虽不足以揄扬盛美，而'情往似赠，兴来如答'，亦聊纪一时翰墨缘也。句云：'麟阁待劳臣，最难西域生还，万顷开荒成伟绩；凤池诏令子，喜听东山复起，一门济美报清时。'按：此联书就，缄寄关中。适公已擢移滇黔总制，未知得达与否。而公所惠寄之联，则早已装治完美，悬诸杭州三桥址新宅中。众目快瞻，且脍炙人口矣。"又见梁章钜《浪迹丛谈·卷二》。

少穆，即林则徐。"名则徐，字元抚，又字石麟。嘉庆甲子举人，辛未进士，改庶常，派习国书，散馆授编修，改御史，出为杭嘉湖道，历官至两湖、两江、两广总督。特派为钦差大臣，以办理夷务不协，谪戍西域。公之功过，自有公评。惟逐臣久未赐环，不能无望于天恩之高厚也。"（梁章钜《师友集·卷五》）林则徐与梁章钜同乡同门，为梁章钜一生挚友，他曾亲笔为梁章钜撰写墓志铭，并写道："则徐与公同乡，又为词馆后进，洎官江左，宦迹辄相先后，知公行事最详。"梁章钜也曾说其"福州老屋在屏山之麓，与少穆为比邻者数年"，林则徐远戍新疆后，他更是万里牵怀，感叹"出塞不辞三万里……望断苍茫敕勒天"，甚至曾听人说起林则徐有望入关的消息后"为之喜而不寐"，被证实是谣言后，又大失所望。（梁章钜《归田琐记·卷八》）梁、林二人，可谓彼此交心。故在林则徐归来之际，朝野上下为之庆贺，唱和之作无数，而好友梁章钜更看重两点，一是林则徐戍边期间，在西域开荒的成效，这是于公之伟绩，对其大公无私的品行予以赞叹；二是林则徐之子得以重任的喜讯，这是于私之欣慰。这两点都是老友之笔。

“仕途多坎坷，遭遇有顺逆。忠良贤臣，随在皆有经世济民之心。苦尽甘来，挚友正当恭贺。”（陈家铨《对联评注》）此联字里行间，皆可见欣喜与祝福。然联中“麟阁”“凤池”与“西域”“东山”等之对仗，亦极为工稳，不仅感情真挚，更可谓运典得体。梁章钜曾说林则徐善为赠人联语，“盖于称扬中更能雅切其人，非泛泛作谀词者也”（梁章钜《楹联三话·卷下》），而观此联，梁章钜亦是如此。

赠程赞清

想当年发迹鸡窗有余味；

是他日重歌鹿野之先声。

【注释】

鸡窗：书室。“鸡窗夜静开书卷，鱼槛春深展钓丝。”（罗隐《题袁溪张逸人所居》）

重歌鹿野：“指重赴鹿鸣，清代乡试中试后，经六十年，再逢是科乡试，经准奏得重赴鹿鸣筵宴，称重赴鹿鸣。”（胡毅雄《清十大名家对联集·梁章钜联集》）

【解析】

联见梁章钜《楹联续话·卷之三》：“程定甫同年赞清于道光乙未重游泮宫。时龚季思为江苏学政，赠以联云：‘二分月下真耆宿；六十年前旧茂才。’是年，余适过扬州，定甫招饮，遂即席书一联赠之云：‘想当年发迹鸡窗有余味；是他日重歌鹿野之先声。’此皆羌无故实也。定甫得之甚喜。”

程赞清，字定甫，江苏仪征人，“由编修历科道，出为安徽宁池太广道，升贵州按察使，内招以四品京堂用。藉录《绿轩诗集》”（梁章钜《师友集·卷四》）。梁章钜与程赞清同年成进士，有赠程赞清诗云：“独有甘泉老，重为泮水游（余于乙未年过扬州，适君有重游泮宫之庆，时年已七十余矣）。华龄让君健，佳话有谁俦（壬戌同年中，重游泮宫者惟君一人）。闻说精庐好，难消夜壑愁。往来明月地，何以解烦忧。”（梁章钜《师友集·卷四》）在科举时代，重赴鹿鸣是难得殊荣。此联以其重赴鹿鸣入笔，“余味”是当年科考之旧事，乃就程“秀才风味最难忘”而言；“先声”是说他们同年当中能有此殊荣者，可谓先声夺人，不乏钦羡之意。

赠赵光禄

醉中掷笔金銮殿；

睡起鸣笳铁瓮城。

【注释】

掷笔：亦如执笔。

金銮殿：代指皇宫。“俗称太和殿为金銮殿。”（刘隆民《龙眠联话续编·卷七》）

鸣笳：古代官员出行，鸣笳以启路，此处指出任地方。

铁瓮城：指镇江。“丹徒县子城，古称铁瓮城。”（刘隆民《龙眠联话续编·卷七》）

【解析】

联见梁章钜《楹联丛话·卷十二》：“赵雨楼光禄与余同直枢地，同膺察典，而后余八年始出守镇江。谒余于吴门，索书楹帖。余戏拈宋人句赠之云：‘醉中掷笔金銮殿；睡起鸣笳铁瓮城。’雨楼甚壮其语，然出句有倨侮之嫌，虽成语亦不敢落笔也。”

赵光禄，“字雨楼，清归安人，嘉庆十三年进士，时守镇江”（刘隆民《龙眠联话续编·卷七》），曾与梁章钜一同供职于军机处，故有“同直枢地”之说，联中所言京中旧事也多为亲历。此联为摘句联，为宋人吴敏残句，梁章钜借用前人旧句赠之故友。虽为旧句，但结合赵光禄事迹，也可谓恰切其人、描摹生动。但赵谓之“倨侮之嫌”，即傲慢轻佻之意，是因笔涉“金銮殿”，涉及朝廷的事，开不得玩笑，尤其有“文字狱”之前车，在当时不少官员还是相当谨慎。但梁章钜没有顾忌太多，在书中仍然收录，“足见其喜爱程度。他所不忍舍弃的，也许正是该联所展示出的类似于李白‘天子呼来不上船’的不羁情怀”（鲁晓川《雅切——梁章钜对联批评的核心范畴》）。

赠黄奭

虚己受人，彼其之子，殊异乎族；

实事求是，夫惟大雅，卓尔不群。

【注释】

实事求是：“河间献王德以孝景前二年立，修学好古，实事求是（师古曰：‘务得事实，每求真是也’）。”（颜师古《前汉书·卷五十三考证》）

【解析】

联见梁章钜《楹联续话·卷之四·集句集字附》：“黄右原比部索佘撰句赠联。比部博学好文，在淮商家为别调。余集《韩诗外传》及《汉书·河间献王传》语与之云：‘虚己受人，彼其之子，殊异乎族；实事求是，夫惟大雅，卓尔不群。’邗上人多不知所谓，惟芸台师以为无虚誉也。”

此联为集句联。上联“虚己受人”语出韩婴《韩诗外传·卷二》：“君子盛德而卑，虚己以受人。”“彼其之子”在《诗经》中多有提及，如《扬之水》：“彼其之子，不与我戍申。”《汾沮洳》：“彼其之子，美无度。”“殊异乎族”亦见《诗经·汾沮洳》：“美如玉，殊异乎公族。”下联“实事求是”语出《汉书·卷五十三·河间献王刘德传》：“修学好古，实事求是。”“夫惟大雅，卓尔不群”语出《汉书·卷五十三》：“夫唯大雅，卓尔不群，河间献王近之矣。”

黄右原，即黄奭，字右原，江苏扬州人。“由诸生□钦赐举人，捐□□，官刑部郎中。君家世服商而独崇儒……余小住邗江，承相□□”（梁章钜《师友集·卷十》）。梁章钜在扬州期间，黄右原屡屡陪伴游历，梁有赠其诗云：“右原善读书，颇不理于口。独为我倾心，风义兼师友。偶缘末疾缠，惜别呼负负。韩陵一片石，永好胜琼玖（近因抱病，不获晤别，临行以奇石相赠）。”（《浪迹丛谈·卷十一》）黄家为扬州富商，其家遍植芍药，为扬州一绝，“尝招阮文达公元、梁茝林中丞章钜赏之”（徐珂《清稗类钞·卷七十》）。

此联集之成语，质实庄重。黄右原是淮商子弟，梁在扬期间，黄常伴左右，在梁氏眼中，这个“富家子弟”举止儒雅，博学好文，“家世服商而独崇儒”，故而给他的赠诗起笔就写道“右原善读书”，所以联中接连说“殊异乎族”“卓尔不群”，皆是指此事。在梁章钜这些士大夫看来，这是商贾之家最为难得之处，所以扬州耆宿阮元也评价他的赠联“无虚誉也”。

赠余应松

其一

劝子勿为官所腐；

知君欲以诗相磨。

其二

笔老诗新疑有物；

水清石瘦亦能奇。

【注释】

官所腐：“官场是个大染缸，你切不要‘烂’在里面。”（《名联鉴赏词典·题赠类》）

【解析】

联见梁章钜《楹联丛话·卷十一》：“余小霞有集句联云：‘随遇而安，因树为屋；会心不远，开门见山。’又云：‘天半朱霞，云中白鹤；山间明月，江上清风。’予曾集苏句为联赠之云：‘劝子勿为官所腐；知君欲以诗相磨。’又一联云：‘笔老诗新疑有物；水清石瘦亦能奇。’”

此二联为集句联。第一联出自苏轼《秦少游梦发殡而葬之者，云是刘发之柩，是岁发首荐，秦以诗贺之，刘泾亦作，因次其韵》：“故令将仕梦发棺，劝子勿为官所腐。”以及苏轼《张作诗送砚反剑，乃和其诗，卒以剑归之》：“作诗反剑亦何谓，知君欲以诗相磨。”第二联出自苏轼《次韵刘贡父独直省中》：“笔老新诗疑有物，心空客疾本无根。”以及苏轼《与毛令方尉游西菩提寺二首·其二》：“路转山腰足未移，水清石瘦便能奇。”“集句恰切而工稳，无可挑剔，又可见梁氏于苏诗之熟悉、于联道之纯熟。”（李文郑《中国名联鉴赏》）

余小霞，即余应松，浙江山阴（今属绍兴）人，由诸生捐主簿，历权县篆，皆有贤声，曾流滞桂林，入梁章钜幕，后在地方任通判等职。在桂林时，其与梁章钜相交甚笃，梁氏曾邀其参与校对《楹联丛话》，“每得一联，辄与陈莲史、余小霞、陈海霞、桂舫诸君子赏析之。付梓时，又得小霞专任校字之役，故成书不觉其难”（梁章钜《楹联续话·序》）。余应松其人多不得志，有“清瘦”之风骨，故梁章钜曾赠诗“举世无青眼，怜才俗所惊……末秩终摇落，诗人例瘦生”（梁章钜《师友集·卷十》），联中所言“水清石瘦”亦有所指。

此番就任地方，临行之际，梁氏赠此二联，既没有一言“祝贺”，是因知心朋友，以心相告，乃是知其品格；又处处以“诗意”释怀，颂其高风，乃是明其性情。据梁章钜记载，余小霞到地方后，曾题佐杂官厅联云：“此间只可谈风月；相对何须问主宾。”犹可见其“诗人”品性，终究不算“官家”，尽管梁章钜也评价此联“浑成典切，于佐杂官厅尤有味”（《楹联丛话·卷八》），但终究也钦佩他是个“以诗相磨”之人。从这个角度来说，联中“勿为官所腐”之担忧确有必要，梁章钜是真心担忧这位好友一旦涉足官场，被官场之气所腐蚀，“磨掉”了那点诗心。前人不少书中都将“劝子”理解为奉劝余应松不要主动沾染官气的告诫之意，如此看来，恰好相反，实则是害怕官场不良风气影响了余应松“诗人”本性的担忧之念。作为余应松的“上司”，作为一方大员，梁章钜能写下这样的话送给他，可见是知己之交。

赠徐问松

怪伟丹青吴道子；

纤妍翰墨赵鸥波。

【注释】

怪伟：特异非常之人。“盖闻古之怪伟磊落英多之士，负非常之志愿者。”（刘大櫆《与李侍郎书》）

纤妍：纤细美好，此指笔墨隽秀。

【解析】

联见梁章钜《浪迹丛谈·卷二》：“中秋后一日，罗茗香招同黄右原、巫小咸在真一坛看桂花，并观吴道子画轴、赵松雪行书卷，徐问松道士所宝也……是日小咸为余写真，庭前有三鹤迭鸣迭舞，坐桂香馥郁中，观游人如织，因得一律云：‘暂辞阛阓入烟萝，欲界仙都足浩歌。怪伟丹青吴道子，纤妍翰墨赵鸥波。尘容愧写头陀老，香味浑忘鼻观和。坐听庭阶声一一，明心虽迥待如何。’云台师曰：‘结句别有寄托，可谓情深于文。’按吴道子画迹，生平所未见，此会实关眼福，故特纪以诗。适问松索书楹联，因即以诗中‘怪伟丹青’十四字应之。”

此联系梁章钜从赠诗中摘句而来。联中吴道子为唐时画家，有“画圣”之称，赵鸥波是赫赫有名的元朝书画家赵孟頫，元人柯九思《题赵鸥波古木竹石图》有诗云：“水晶宫里人如玉，窗瞰鸥波可钓鱼。”因梁章钜等在真一坛看花时，坛中道士徐问松邀请他们“观吴道子画轴、赵松雪行书卷”，梁氏便借题发挥，以吴道子对赵鸥波，而“怪伟”“纤妍”俱合其性，也是妙手天成。此联以所藏书画以喻其人，并以明其襟怀。“道子”者，更暗扣道士身份；“鸥波”者，也暗合列子之白鸟忘机的故事，亦是道家典故。此联以古人为衬托，看似借典，却暗合机关，环环相扣。梁联之切，如此可见一斑。

赠张襄

清才足敌黄崇嘏；

生世都疑萼绿华。

【注释】

黄崇嘏："黄崇嘏，临邛人，善琴弈，工书画，黄使君女也。"（《御定佩文斋书画谱·卷四十九》）

萼绿华："萼绿华者，女仙也。年可二十许，上下青衣，颜色绝整。"（《太平广记·卷第五十七》）。

【解析】

联见梁章钜《楹联续话·卷之四·杂缀谐语附》："齐梅麓有女弟子张云裳襄，张丽坡参戎之女也。归汤价人观察之子，才貌双优。事梅麓如父，梅麓赠以联云：'几生修到梅花骨；一代争传柳絮才。'又一联云：'前身来自众香国；佳句朗如群玉山。'云裳屡为余题画册、画卷，余亦为云裳题其邓尉探梅玉照，并报以联云：'清才足敌黄崇嘏；生世都疑萼绿华。'"

齐梅麓，即齐彦槐，江西婺源人，嘉庆十四年（1809年）进士，历任江苏金匮知县、苏州知府等，善楹联，有《梅麓联存》等。其《小游仙馆联存》中有"赠张云裳女弟子"二联，亦如梁氏所录。张襄是齐梅麓弟子，也是当时有名的才女。大文人钱泳也记道："蒙城张丽坡将军好风雅……有女公子名襄号云裳者，年十余龄即能诗，不三四年著书盈尺矣。有《锦槎轩诗集》十卷，各体俱备。"（钱泳《履园丛话·杂记下·闺秀诗》）梁章钜《退庵诗存·卷十六》有《张云裳女史襄邓尉探梅画卷》诗二，其中有"十年空有春山梦，输与仙人萼绿华""随身砚匣是琉璃，黄绢先成绝妙辞"等句，恰是此联注脚。此联以史上两位才女作衬，写其才清貌丽，所用典故，十分熨帖。

贺阮元加太傅衔

异数超七阶，帝眷东山谢太傅；

嘉宾伫三肄，天留南国鲁灵光。

【注释】

太傅、超七阶：太傅与太师、太保并列三公。按梁章钜《称谓录·卷十二》："太师、太傅、太保，系少师、少傅、少保晋衔，内阁各部院大臣加衔。"阮元此次"以太子太保原衔越加七级"（梁章钜《楹联三话·卷下》），直接一越顶置到太傅之衔，故世人惊为殊荣"异数"，梁章钜也感慨"如斯旷典，前此所未闻也"。

三肄：见《仪礼经传通解·卷十四》"习《小雅》之三，谓《鹿鸣》《四牡》《皇皇者华》也，此皆君臣宴乐相劳苦之诗，为始学者习之，所以劝之以官且取上下相和厚"。联中所述，指阮元"三赴鹿鸣"之宴。

鲁灵光：鲁殿灵光，以喻仅存的望重之人。"鲁灵光殿者，盖景帝程姬之子恭王余之所立也。"（王延寿《鲁灵光殿赋》）

【解析】

联见梁章钜《楹联三话·卷下》："云台师以今年丙午乡试重宴鹿鸣。大吏奏入，得优旨，晋加太傅衔，并有'三赴鹿鸣'之望。荣宠极矣。按吾师本以太子太保原衔越加七级而至太傅，如斯旷典，前此所未闻也。谨考：本朝满汉大臣，生前以太傅加衔者，如金文通之俊、洪文襄承畴、范文肃文程、鄂文端尔泰、曹文正振镛、长文襄龄，不过六人。余如马文穆齐、佟端纯国维、佟忠勇国纲、奉文勤宽、谢清义升、杨敏壮捷、顾文端八代、王文恭顼龄、张文端英、朱文端轼、钱文端陈群、蔡文恭新、董文恭诰，皆由身后赠太傅衔。其由太子太保越赠太傅者，则惟刘文正统勋一人。若吾师之躬逢其盛，真稽古之殊荣，科名之旷遇。宜邗江士大夫欢欣鼓舞，啧啧以为美谈矣。余客居无以为贺，献一联云：'异数超七阶，帝眷东山谢太傅；嘉宾伫三肄，天留南国鲁灵光。'但求切不求工也。"又见梁章钜《浪迹丛谈·卷一》。

云台师，即阮元。“字伯元，乾隆丙午举人，己酉进士，由编修大考第一，陛少詹事，官至体任阁大学士……道光壬寅，余侨寓邗江，始屡通谒于里第请业请益，真为著录弟子者三月有余。师初谦，弗肯承继，乃相悦以解时，师已七十有九，而余亦六十有八，迟暮之年，为我师弟补，此一段良缘非偶尔矣。”（梁章钜《师友集·卷一》）如梁章钜所言，其辞官归田后，路过扬州，才有机会与阮元朝夕相处，将这个“挂名老师”给做实，故而他自称是“老门生”。在这期间，梁章钜有幸目睹阮元加衔之盛典，并亲撰贺联送去。

梁章钜自评此联“但求切不求工也”，“可见梁章钜认为‘切’是作联的基本要求”（鲁晓川《雅切——梁章钜对联批评的核心范畴》）。而其实贴切以外，也不乏工整，其“七阶”“三肆”与“东山”“南国”，以及“谢”“鲁”二姓之对，皆颇费功夫。而以“天”对“帝”，更见巧心。

贺刘恭人七十寿

鹿宴沐恩浓，正及臣门膺旷典；
翟衣襄政久，更看子舍策清名。

【注释】

鹿宴、旷典：见“贺阮元加太傅衔”联。
翟衣：翟羽织衣，以喻贵妇。

【解析】

联见梁章钜《楹联三话·卷下》：“云台师有老妾刘恭人，即嫡配江夫人之媵也。师两次断弦，得其内助力为多。生子祐，登道光癸卯乡荐，现官刑部山西司郎中。刘得四品恭人封典。女适吴刺史公谨，嵩圃阁老子妇也。今岁七十寿辰，师许同人为之制锦称觞。余亦制一联往祝，句云：‘鹿宴沐恩浓，正及臣门膺旷典；翟衣襄政久，更看子舍策清名。’翼日，师亲来谢步，并曰：‘此番同人所赠联轴颇多，惟阁下及右原所撰句最佳。’右原句云：‘温温恭人，母以子贵；潭潭相府，日引春长。’先是右原以酒筵献，吾师以手简谢云：‘此席恰为暖寿而来。暖者，温也。所谓‘温温恭人’是矣。’右原即因此制成联句，庄重浑成，真可入余联话也。”又见梁章钜《浪迹丛谈·卷一》。

云台师，即阮元，见“贺阮元加太傅衔”联。恭人，为四品官妻之封号，亦赠封其母，刘恭人正因其子封官而得以封号。此联以其夫荣膺加衔旷典，其子官居郎中、荣膺恭人封典旁及其身，夫荣妻贵、子荣母贵，借以突出相夫教子之功。刘恭人作为“人妾”，在当时的环境下，这已是十分殊荣。作为庆贺之语，扬人所长，自能令人心悦，但梁氏此联更难得的是言语稳妥，又切合身份，并未有夸大之说，故而能令阮元次日专门登门作谢。可见赠人之联，难得用语妥帖，切合身份。

贺龚丽正七十寿

累世纪群交，忆兰省枢垣，齐向后尘趋轨范；

传家召杜谱，喜皖峰沪渎，共听两地颂台莱。

【注释】

纪群交：累世之交。“鲁国孔融，高才倨傲，年在纪、群之间，先与纪友，后与群交，更为纪拜，由是显名。”（《三国志·魏志·陈群传》）

兰省：指礼部，“士试于礼部者，俗称为兰省”（《御定渊鉴类函·卷一百三十九》）。

枢垣：指军机处，梁章钜入职军机处后著有《枢垣记略》。

后尘：后进之人。“余虽不敏，请寻后尘。”（张协《七命》）

召杜：西汉召信臣和东汉杜诗，为政有绩，人称“召父杜母”，以喻地方政绩。

皖峰沪渎：指龚丽正曾在安庆、上海任职。

台莱：祝寿语。“南山有台，北山有莱……乐只君子，万寿无期。”（《诗经·小雅·南山有台》）

【解析】

联见梁章钜《楹联丛话·卷十二》：“龚闇斋观察丽正七十生辰，其子定庵仪部求寿联于春海。春海信笔书与之云：‘使君政比龚渤海；有子才如班孟坚。’余亦寄一联云：‘累世纪群交，忆兰省枢垣，齐向后尘趋轨范；传家召杜谱，喜皖峰沪渎，共听两地颂台莱。’盖观察初由礼部入军机，于余皆为前辈；而余宦江南，又适值观察由安庆守擢苏松监司也。”

龚丽正，字闇斋，浙江仁和（今属杭州）人，与其父龚敬身同任职礼部，“德性温和恬静，为宦场中所仅见。值军机尤以慎密为枢长所倚任”，梁章钜在《南省公余录·卷七》中记载，龚丽正在军机处时一丝不苟，公文往来都是一笔精到的楷书工整书写，“绝不作一行草字”，持身有度，被人戏称为“热官冷做”，故而他们这些后学均将其视为可趋轨范的楷模。龚丽正之子，即大名鼎鼎的龚自珍，和梁章钜也是好友，所以联中“累世纪群交”是说他们两家从梁氏叔父梁上国算起，至少有三代的交往。此联从世交、同僚入手，铺叙前谊。“兰省枢垣”“皖峰沪渎”尽量用别称、代指来写曾经交往之地，则是有意追求小类工对，这也是梁章钜联语的一个特色。

贺兴仁六十寿

宜民颂起延年后；

寿世筵开浴佛先。

【注释】

宜民：安民。“假乐君子，显显令德。宜民宜人，受禄于天。”（《诗经·大雅》）

延年：颜延年，见“桂林独秀峰五咏堂”联。

寿世：谓造福世人。

【解析】

联见梁章钜《楹联丛话·卷十二》："桂林太守兴静山，以四月四日周甲初度，余以联寿之云：'宜民颂起延年后；寿世筵开浴佛先。'一切其官，一切其时，同人咸以为工巧。盖颜延年曾居此官，聊借用二字以寓寿意，尚不觉吃力也。"

兴仁，字静山，清满州人，曾任桂林太守。"调桂林守，署桂平梧郁道，卒于任。"（梁章钜《师友集·卷十》）兴仁在"遍历边缺四十余年"，梁章钜曾以"卓异"举荐，因此在联中，将其与古之贤达、桂林太守颜延年相媲美。梁章钜《师友集·卷十》有赠兴仁诗云："蛮荒五马贵，老吏卌年强。谁识严而恕，群称温且良。"兴仁寿辰在四月初四，再过四天的四月初八即为佛家"浴佛节"，相传这天为释迦牟尼诞辰，每到这一天，佛教徒用拌有香料的水灌洗佛身，称为"浴佛"。梁章钜则巧妙抓住了这点，使此联呈现出三妙：一则颜延年亦为桂林太守，以切其职；二则取"延年"字面之意，以寓其福寿延年；三则以浴佛之先，切其时日，并借佛陀之诞抬高其身价。如梁氏自云："一切其官……盖颜延年曾居此官，（二则）聊借用二字以寓寿意。"（梁章钜《楹联丛话·卷十二》）集数种因缘汇之一联，可谓妙之又妙。

贺借庵八十寿

山中鹤寿不知纪；

世上诗声早似雷。

【注释】

鹤寿：以喻长寿。"鹤寿千岁，以极其游。"（《淮南子·说林训》）

知纪：以十二年为一纪，以喻时序。

似雷：以喻声名远播。"声教无为日，山呼万岁声。隆隆如谷响，合合似雷鸣"。（贯休《寿春进祝圣七首·山呼万岁》）

【解析】

联见梁章钜《楹联三话·卷上》："又记得乙未夏余游焦山时，借庵诗僧犹健在。前一年是其八十诞辰，借庵索余补赠联句。时从游者已停桡相待，乃手挥十四字与之云：'山中鹤寿不知纪；世上诗声早似雷。'句虽未工而意颇切。借庵称谢不绝口，而余则久忘之。今此联尚悬海西庵壁，阅之如同隔世矣。"又见梁章钜《浪迹丛谈·卷一》。

借庵，为江苏镇江焦山僧人，有诗名。"释名巨超，著有《借庵诗钞》《借庵诗文遗稿》，为清代中叶有名诗僧。"（李瑚《魏源诗文系年》）梁章钜曾几次登临焦山，并在此品评时人联语，追寻前人遗迹，对此其几本笔记中均有记载。此联虽为手挥立就的应酬之作，然联系借庵的身份与诗名，亦当十分切合，且陈述转合自然生动，不失名家风范。

贺梁宝常六十寿

东省忆同官，旋听台莱颂南国；

北堂依寿母，长看旗翼照西湖。

【注释】

东省：山东省。二梁同官山东。

台莱：见"贺龚丽正七十寿"联。

北堂：母居之处。"北堂千万寿，侍奉有光辉。"（李白《赠历阳褚司马》）

旗翼：箕星与翼星。旗通"箕"，言寿星。一说通"期颐"。"国安于盘石，寿于旗翼。"（《荀子·富国》）

【解析】

联见梁章钜《楹联三话·卷下》："浙江抚部梁楚香宝常官庶常，于余为同馆；令山左，于余为同官。而恭儿观政之江，又托其宇下。其太夫人寿登八十有七，迎养在署。前岁承九重赐寿，有‘节署承欢’之扁，备极宠荣。今岁抚部亦年登周甲，僚好各制锦称觞。时余就养东瓯，寄祝一联云：‘东省忆同官，旋听台莱颂南国；北堂依寿母，长看旗翼照西湖。’观者称其典重。”

梁宝常，字楚香，天津人，道光进士，官至浙江巡抚，故有“南国”“西湖”之说。梁章钜三子梁恭辰新任温州，正是梁宝常部署，故说“托其（梁宝常）宇下”。此联亦为应酬之作，辞藻本无特别之处，然一向求工求雅的梁章钜，仍不忘以东南西北来添些“彩头”。此联只有四句话，却能把四个方向凑齐，且用典切合，不嫌生硬，读来往往令人不觉，这倒是真功夫。

挽词

挽长龄

出将入相垂五十年，功比汾阳，寿同潞国；
扫穴犁庭越三万里，昔追定远，今媲章佳。

【注释】

扫穴犁庭：见《汉书·匈奴传下》“固已犁其庭，扫其闾，郡县而置之”。以喻荡除敌患，长龄曾参与西北战事，故言。

【解析】

联见梁章钜《楹联丛话·卷十》：“道光乙未入都，以所撰《枢垣记略》质之长懋亭公相龄。公阅之甚喜，为辨析疑滞数事，且为述乾隆年间枢直旧闻，娓娓不倦。盖是时军机老辈，无有在公之前者。丙申再入都，见公益矍铄，坚坐久谈，有后生所不逮者。因叩公调摄之方，公笑曰：‘十年前有星士相我，将来名位可及阿文成，惟年寿少逊耳。文成年八十一，今我已七十九，虽矍铄又可恃乎？’余以他语解之，而公果于次年元旦告终。闻除夕向家人查询歙县曹文正公终于何日，众对曰‘正月二日’，公曰‘我不可居其后’。逾日遂逝。故徐星伯松挽联云：‘易箦预知时，一日期先曹太傅；盖棺先定论，千秋名并阿文成。’时余在桂林，接公讣书，亦寄联挽之云：‘出将入相垂五十年，功比汾阳，寿同潞国；扫穴犁庭越三万里，昔追定远，今媲章佳。’亦纪实也。”

长龄，“萨尔图克氏，蒙古正白旗人。父纳延泰，官理藩院尚书……于乾隆三十八年捐纳笔帖式……五十九年，迁内阁侍读学士”（《清史列传·卷三十六》）。梁章钜与长龄曾在军机处共事，其《枢垣记略》中有长龄事迹。联中汾阳、潞国、定远分别为古时名人郭子仪、文彦博和班超。至于章佳，胡毅雄《清十大名家对联集·梁章钜联集》注为“尹泰、尹继善父子”，然联系《楹联丛话》中同时所引徐松挽联“千秋名并阿文成”一句，可知其当为大学士阿桂，章佳氏，谥号文成，字广廷，清满洲正白旗人。清乾隆三十八年（1773年）被任命为定西将军，率领丰升额、明亮等官兵一举平定金川之乱。班超与阿桂俱在西北建立勋功，其事业也切合长龄经历。阿桂之父阿克敦，亦出将入相，与长龄父子正相媲美。此联以四个名人上下作衬，切其伟略丰功。“出将入相”“扫穴犁庭”本是成语，但与长龄事迹基本相似，用到此处也十分切合。在联语中用词确切，常如己出，是梁章钜作为清代考据名家的长处。

挽陶澍

尹文端厚泽深仁，重见江乡说遗爱；

陈恪勤精心果力，方知楚产信多才。

【注释】

尹文端：“即清代大臣尹继善，满洲镶黄旗人……历任川陕、两江、陕甘等地总督。任封疆大吏30余年，深得世宗、高宗所倚任。官至文华殿大学士兼军机大臣，卒谥文端。”（李文郑《中国名联鉴赏》）。“在两江为官时间最长，以河漕盐政方面的成就颇受时人赞誉……尹、陶二人为官政绩和经历相似。”（《名联鉴赏词典·哀挽类》）

陈恪勤：陈鹏年，见“苏州陈公祠”联。梁章钜曾言，陶澍“状貌雄伟，方口丰髯，酷似其乡陈恪勤公”（梁章钜《楹联丛话·卷十》）。

楚产：此谓陈与陶皆湘楚之人。

【解析】

联见梁章钜《楹联丛话·卷十》："陶云汀宫保，由徽抚苏、抚晋、督两江，前后将二十年，以劳瘁终于金陵。赐谥'文毅'，入祀贤良祠。余壬戌同年中，勋名之盛，未有如公者也。卓海帆尚书秉恬哭以联云：'天下大事公可属；江南遗爱民不忘。'京中同人皆以为切当。余亦寄联挽之云：'尹文端厚泽深仁，重见江乡说遗爱；陈恪勤精心果力，方知楚产信多才。'盖宫保状貌雄伟，方口丰髯，酷似其乡陈恪勤公。余藩吴日，因修陈公祠，拜像而知之。曾纪以诗云：'省识须眉如有悟，始知从古楚才优。'宫保闻之，亦颇自喜。此联犹前诗意也。"

陶澍，字子霖，号云汀，湖南安化人。"官至两江总督兼两淮盐政，加太子少保，谥文毅。师与余本壬戌同榜进士，余任苏藩时，师适为江苏巡抚，极力揄扬，直有吹嘘送上天之感。师官江南久，美政不可胜书。但举其两大端最著者，曰开水利、肃盐政，皆利在数世，足继潜庵、漫堂者也。"（梁章钜《师友集·卷一》）据来新夏先生考证，陶澍卒于道光十九年（1839年）六月初二日（来新夏《林则徐年谱长编》），此联应撰于不久之后。

梁章钜与陶澍同年、同僚、同好，相交深厚。据其子梁恭辰回忆："前两江制府安化陶文毅公，与家大人为壬戌同榜进士，同官京师，最相契厚，两家内眷时有来往"（梁恭辰《池上草堂笔记近录·卷二》）。梁章钜与陶澍诗文酬唱也极多，此联是梁章钜给陶澍的最后告别之语，自有其高明之处，如李文郑先生评语："挽联不从正面赞颂死者，而从侧面比拟，构思新颖，切其人、切其事，切其官职、业绩，又切其相貌、籍贯，的确不易。"（李文郑《中国名联鉴赏》）陶与梁为同年好友，又多在一地任职，互为知己，唱和不断，且两家内室亦交好。陶澍之亡，梁氏必有悲心，然此联总体看不过寻常评价，并未见本情流露，笔者以为是一憾处。抑或按当时身份，如此写法较为妥帖，抑或有其他隐情而不得知，抑或笔者所多虑也。

挽朱士彦

师范重三天，謦欬声犹留殿陛；

皇华周四国，朴诚望早式班联。

【注释】

三天："世称上斋曰'三天'，盖由从前列圣每岁驻跸澄怀园，诸王公即读书园庐，其地为殿三层，皆有世宗皇帝御书匾额，前曰'前垂天贶'，谓之前天；中曰'中天景物'，谓之中天；后曰'后天不老'，谓之后天，统谓之三天。"（陈康祺《郎潜纪闻·卷一》）

謦欬：咳嗽，代指言笑。

皇华："'皇皇者华'君遣使臣也。送之以礼乐，言远而有光华也"（孔颖达《毛诗正义·卷九九》），此指朱士彦"屡奉命出外"（梁章钜《师友集·卷四》）。

朴诚望：朴实忠诚。梁章钜评价朱士彦"其能上结主知，外孚人望"（梁章钜《师友集·卷四》）。

班联：朝班之列，代指朝官。

【解析】

联见梁章钜《楹联丛话·卷十》："朱咏斋太宰士彦，亦余壬戌同年，一生以朴诚为上所倚任。其直上书房时，尤以严气正性自持，断断辨论之声，达于中外，上在乾清宫时每遥识之。比年奉命谳狱，周历各省，不敢告劳。甫还朝，未久即卒。赐谥'文定'，加宫保衔，可谓备极哀荣矣。余寄联挽之云：'师范重三天，謦欬声犹留殿陛；皇华周四国，朴诚望早式班联。'无溢美也。"

朱士彦，"初名福恩，字休承，嘉庆庚申举人，壬戌与余同榜，以一甲第三名进士授编修，历官至吏部尚书，管理顺天府尹，终于位。赠太子太保，谥文定。公屡奉命出外，讼狱皆平允。立朝持正，风采凛然。尝书五箴以自警，曰'慎则免悔，谦则免妒，默则免恶，廉则免祸，勤则免误'。其能上结主知，外孚人望，盖有由矣。所著《国语疏》未成书。余与君同谱最亲密。乙未秋，与君在淮河舟中握手作半日话，期望甚殷。此后遂不复相见矣"（梁章钜《师友集·卷四》）。见《清实录·嘉庆朝实录·卷之九十八》，朱士彦与梁章钜为同榜进士，其位列一甲第三名探花。梁章钜《师友集·卷四》有赠朱士彦诗云："共识尚书履，真扶大雅轮。朴诚邀帝眷，声欬动朝绅。温树三天秘，皇华四国春。淮舟匆握手，从此隔芳尘。"这些诗文与联语所述多有重合，可相互佐证来看。此联基本是按照逝者的履历来写，但"謦欬声"与"朴诚望"之笔又立论鲜明，梁章钜这两个切入口选择得很好，稍加点染，即可由文字而见其人风貌。

挽成世瑄

望断黔阳，可怜万里云飘，依然将母；

魂消白下，共惜半年风鹤，了却孤臣。

【注释】

黔阳：“（成世瑄）清代贵州省铜仁地区石阡县人。嘉庆二十二年与同乡徐培深、张海澜同科考中进士，被京城名宦们誉为‘贵州石阡三杰’。”（张山东《古代廉政对联选注》）

将母：将，携带之意。“将母邗沟上，留家白纻阴。月明闻杜宇，南北总关心。”（王安石《将母》）成世瑄逝世之时，“太夫人犹在堂”（梁章钜《师友集·卷十》）。

白下：“即南京，成世瑄时任江宁布政使，署在南京。”（胡毅雄《清十大名家对联集·梁章钜联集》）

【解析】

联见梁章钜《归田琐记·卷六·楹联剩话》：“余有所撰知好挽联，必出手制，然但抒哀恨，且冀以存其人，不暇计工拙也……又挽江宁方伯成兰生世瑄云：‘望断黔阳，可怜万里云飘，依然将母；魂消白下，共惜半年风鹤，了却孤臣。’客冬英夷之扰，余防堵上海，督部远驻镇海，时金陵惟兰生一人支拄，风鹤之警，无日无之，往来书问，间日必至，皆商略夷务军情，意见颇合。自余引疾后，兰生势益孤，遂以忧死。闻灵船由长江回贵州，尚烦太夫人扶衬也。”

成世瑄，“嘉庆庚辰进士，由编修出为浙江郡守，调杭州守，丁忧归，再起为甘肃宁夏守，调兰州守，与余公事凡五阅月，洊升至江宁布政使。英夷之窥我大江也，滨江滨海各城，处处戒严，而江宁尤为全省扼要之地。余驻上海，君守金陵，上下只一江之隔，羽书日数往返。所议防守机宜悉合。时督部远驻镇海，金陵惟君独立当之。自余回苏州，而君势益孤，遂以劳卒伤哉”（梁章钜《师友集·卷十》）。梁章钜巡抚上海期间，成世瑄坐镇金陵，他们书信往来，相携一心，共同抗英。令梁氏哀伤的是，他离任不久，成世瑄孤力难支，在忧愤之中郁郁而终，故联中有“风鹤”“孤臣”之笔。

“衬，近身衣”（《玉篇·衣部》），扶衬，即以衣代尸身，借以说扶棺。成世瑄逝世时老母在堂，忍痛扶衬归里，故梁章钜亦有诗云：“未断陇干梦，偏当江海侵。百函频脱腕（君与余禀函悉出手缮），千里幸同心。病骨犹支柱，危城自阻深。可怜丹旐返，白发泪涔涔。”（梁章钜《师友集·卷十》）此联就其不幸遭际，生发感触。“可怜—依然”“共惜—了却”皆为情感铺垫，逐渐打开心绪。而其细微处，如“黔阳”对以“白下”，“云颿”对以“风鹤”，更是何其之工。近来引用此联者，有将“颿”作简体“帆”者，一“马”即去，而风味全失，正所谓弄巧成拙耳。

挽陈銮

仪表称科名，帝许云程难限量；

文章兼政事，我惭风义托渊源。

【注释】

帝许：“（陈銮）卒，年五十四。遗疏入，谕曰：‘……办事实心，不辞劳瘁。年力富强，正资倚任。遽闻溘逝，殊堪轸惜’”（《清史列传·卷三十八》），“帝许”即道光帝称赞陈銮“正资倚任”之事。

云程：指其升迁之迅。“陈芝楣中丞銮……余藩吴时，芝楣适守苏州……逾年，即擢监司都转，陈臬开藩……旋移吴中，权江督兼河督。近科词臣名场之快利，未有如公者也。”（梁章钜《楹联丛话·卷十》）

【解析】

联见梁章钜《楹联丛话·卷十》：“陈芝楣中丞銮，由鼎甲翰林，出为江南郡守，初权江宁府，补授松江府，旋调苏州府，取白香山诗句，镌一小印曰‘自出承明三领郡’。余藩吴时，芝楣适守苏州，文采风华，倾其流辈。以于余有推荐之谊，执弟子礼甚恭。逾年，即擢监司都转，陈臬开藩，遂被开府豫章之命，旋移吴中，权江督兼河督。近科词臣名场之快利，未有如公者也。闻其擢浙臬时，初觐京师，引对甚称旨，有此后前程不可限量之褒，乃向用方殷，而修文遽召，年实限之，谓之何哉。余以联寄挽之云：‘仪表称科名，帝许云程难限量；文章兼政事，我惭风义托渊源。’”

陈銮，“字玉生，嘉庆庚辰一甲第三名进士，由编修出为江苏松江太守，调苏州守，洊升至江苏巡抚，署两江总督，终于位。余在苏藩时，公正守首郡，及余奉召复出，则君已擢苏藩。时亢旱望雨甚切，余舟抵胥江，甘霖大沛，连宵达旦。公喜甚，作诗过奖于余。翌日，遂招同廨中诸旧友，畅饮于沧浪亭，作图纪之。然自是，与君遂不获再遇矣”（梁章钜《师友集·卷七》）。陈銮曾是梁章钜下属，亦曾得梁章钜举荐，因其“办事实心，不辞劳瘁”，接连得以升迁，梁章钜也曾感慨“近科词臣名场之快利，未有如公者也”（梁章钜《楹联丛话·卷十》），故而他赠给陈銮的诗中也说，“云路飞腾上，天门迭荡开。承明方厌直，康济正需才。霖雨新诗料，沧浪旧酒杯。海邦安乐土，为我首重回”（梁章钜《师友集·卷七》），正是和此联同表一意。

此联哀挽其人，自然就其“高光时刻”不失赞许，工稳自不必多说。“我惭”对以“帝许”，倘若细细体会，梁章钜作为臣子，通过这一对仗，身份拿捏得也很到位。

挽俞德渊

殚心力以报所知，一代长才出甘陇；

处脂膏而不自润，千秋遗爱满邗江。

【注释】

所知：相知之人，俞德渊曾为梁所举荐。

甘陇：俞德渊时为甘肃人，梁章钜曾感慨，“不谓边陲乃有此人物”（梁章钜《楹联三话·卷下》）。

脂膏：以喻两淮富庶及盐运所谓“肥差”。“观察三方，皆脂膏之

地，去镇无余蓄。”（赵璘《因话录·商部》）

不自润：“自陶泉涖任后，改弦更张，洗手奉职，而裒多益寡，称物平施，亦无不各得分愿者。”（梁章钜《浪迹丛谈·卷三》）

遗爱：指留有官声。“大有济于当时……焦劳刻苦，以殒其生，不得展生平之蕴抱。”（林则徐《两淮都转陶泉俞公墓志铭》）

邗江：在扬州，此指两淮任事。

【解析】

联见梁章钜《楹联三话·卷下》：“余在兰州藩署，忽接陶泉之讣，为之涕如绠縻。适其孤以急信恳余转递平罗，余手挥一联寄挽之云：‘殚心力以报所知，一代长才出甘陇；处脂膏而不自润，千秋遗爱满邗江。’素闻贺耦庚督部言：‘陶泉无所不知，无所不能。不谓边陲乃有此人物。又言陶泉，若长管淮鹾，可称得人。惜地方上少一好手耳。’此联正隐括其意。”又见梁章钜《浪迹丛谈·卷三》。

俞德渊，号陶泉，“嘉庆丁丑进士，分发江苏，补荆溪令，调长洲令，由苏州督粮同知，升江宁守，复升两淮盐运使，终于任。君循声为江南第一。两淮盐运使阙出时，方整理鹾政，难得其人。陶文毅公密询于余，嘱荐可任者，余以君对。文毅公亦以为然。而君以隔品超擢不合例置之度外，既闻信而始力辞已不及矣。君节俭正直，一如其令长洲时。初莅任，运库中并无余款，次年，遂有三百万金之储。以过劳而病卒，惜哉”（梁章钜《师友集·卷八》）。都转，为盐运使，“而今则都转之称，专属于盐运使矣，盖始于明”（梁章钜《称谓录·卷二十一》）。

俞德渊在两淮盐运使这样的“脂膏”之任上，亦能“不自润”，殚精竭虑，克己奉公，最终死而后已，得到林则徐、贺长龄、陶澍等人高度赞誉。林则徐听闻他的死讯，“为之喟然”，并亲自为他撰写墓志铭（来新夏《林则徐年谱长编》）。他去世前夕，陶澍正在北京觐见并向皇帝推荐他“可以大用”，然而“竟以疾卒。江宁人士闻之，皆流涕”（李柏荣《魏源师友记》）。就是这样一位循吏，作为他的举荐者，梁章钜自是深感痛心，并在此后诗文中多次谈到俞德渊之贤。此联如作者自述，是在“涕如绠縻”之中而成。“心力”与“脂膏”的工对之间，俞陶泉人品、作风立现，十分见作者功力。上联以“一代长才出甘陇”结句，不仅言逝者出身，更是写联时，梁氏正在甘肃藩署任上，联语由他转交地方，有此语言，也联系其当时所处环境，还有对地方激励之用。“甘陇”一句，梁氏也是别有用心。

挽吕璜

三管失斯人，癸水辰山都暗淡；

千秋存定论，乡贤名宦伫馨香。

【注释】

三管：代指广西。广西所辖地域在唐朝时分属桂管、容管、邕管。“三管之地，山多田少。”（《广西通志·卷三十三》）

癸水：“癸水，漓江也。”（范成大《桂海虞衡志·杂志》）

辰山：又称虎山，在桂林东北郊。“即出靖藩城北门……将东南行，忽北望一山，去路不一里，而其山穹然有洞，洞口有石当门，赭色斑烂，彪炳有异。亟问何名，负刍者曰：‘老虎山也。’……拂读诗叙，始知是山之即为辰山。”（徐宏祖《徐霞客游记·卷三上》）

【解析】

联见梁章钜《楹联丛话·卷十》：“余抚桂林，延吕月沧郡丞主秀峰书院讲席，士论翕服。余常就咨地方利弊，兼以政暇谈艺，皆获益良多。惜其骤归道山。继主讲者为黄春亭邑侯暄，亦佳士，有挽吕联云：‘德合荀君，久以范模孚梓里；文追白傅，岂惟政事在杭州。’为时所称。余既为撰墓志，亦挽以联云：‘三管失斯人，癸水辰山都暗淡；千秋存定论，乡贤名宦伫馨香。’盖月沧品学俱优，曾官两浙，有循声，尤长治狱也。时合省之士大夫以请祀乡贤祠环吁，余已为拟定疏稿，适同官有违言，遂阁不行，亦可叹矣。”

吕璜，字月沧，“嘉庆辛未进士，分发浙江以知县用，补山阴令，升海防同知，缘事罢归。君品学兼优，循声著于两浙。余在苏藩任内，久耳其名。初莅桂林，君适为秀峰院长，一见即互相契重。初不料其一病遽归道山。有为呈请入祀乡贤祠者，已具疏稿，而同官及其同邑人颇有违言，遂不果，仅以拙文铭其墓而已。有《月沧诗文存》两卷”（梁章钜《师友集·卷十》）。吕璜是梁章钜任广西巡抚时的“幕府”成员之一，曾协助梁氏编辑《铜鼓联吟集》并作序。梁亦有赠吕璜诗云：“越中本循吏，岭外旧通儒。独秀山同仰，联吟鼓有桴。乡祠真不忝，众口惜难乎。独愧铭幽语，难为盛德摹。”（梁章钜《师友集·卷十》）梁章钜本想在自已任内重用吕璜，奈何天不假年，他想奏请吕璜入祀乡贤祠，但估计是因吕璜功名科第不够“资格”，受到其他官员反对而未果。此联所言“定论”，联系上文，可知为作者一个心结，故其后所说“乡贤名宦伫馨香”，乃是有意对逝者的告慰，是有隐情的，并非一般虚指。

挽李国瑞

吴会领班联，实政真无惭益友；

淮扬瘁心血，虚衔何以慰衰亲。

【注释】

吴会、淮扬、虚衔：“余在苏藩，曾调石舟为首郡，甚资臂助；既擢淮扬道，以河壖出力，加运使衔。”（梁章钜《归田琐记·卷六·楹联剩话》）

【解析】

联见梁章钜《归田琐记·卷六》：“古人云‘一死一生，乃见交情’。余有所撰知好挽联，必出手制，然但抒哀恨，且冀以存其人，不暇计工拙也。在扬州挽淮扬观察李石舟国瑞云：‘吴会领班联，实政真无惭益友；淮扬瘁心血，虚衔何以慰衰亲’……殁时，其慈亲尚在堂也。”

李国瑞，字石舟，河南郑州人，“嘉庆丁卯举人。大挑一等，分发南河，以知县用补山阴县，调吴县，升苏州守。再升淮海道，加盐运使司衔。丁忧归，卒于扬州”（梁章钜《师友集·卷七》）。梁章钜任江苏布政使时，曾举荐李国瑞，他曾言：“江省吏才最盛，余历任所荐举守令不下数十辈，皆执弟子礼甚恭……如俞陶泉德渊、李石舟国瑞两都转……或以故或以病去，皆实不愧循卓之称，尤往来于余心不释云。”（梁章钜《退庵自订年谱》）此联所言“实政”“虚衔”，皆有故事可本。李国瑞作为梁在江苏任内重点培养的官吏之一，如其所说“甚资臂助”，故“瘁心血”之言，也非泛泛而谈。

挽贺崇禧

百里旧神君，剡牍未酬举主愿；

卅年前进士，盖棺犹是宰官身。

【注释】

神君：以喻贤吏。

剡牍：代指公牍，旧时公文多用剡溪纸。

举主：“梁章钜在苏州时曾举荐贺崇禧，而未得提拔。”（胡毅雄《清十大名家对联集·梁章钜联集》）

【解析】

联见梁章钜《归田琐记·卷六·楹联剩话》：“余有所撰知好挽联，必出手制，然但抒哀恨，且冀以存其人，不暇计工拙也……在苏州日，挽吴县令贺吉人崇禧云：‘百里旧神君，剡牍未酬举主愿；卅年前进士，盖棺犹是宰官身。’吉人为余十余年前所荐卓异，至今未进一阶。近余重莅吴门，复以同知奏荐，奉部覆准之日，吉人已不及见矣。”

贺崇禧，“字吉人，山东历城人，嘉庆进士，官苏州吴县县令”（胡毅雄《清十大名家对联集·梁章钜联集》）。“若以同知为郡佐官，盖始于明”（梁章钜《称谓录·卷二十二》）。梁章钜在首任江苏布政使时，即对贺崇禧青眼有加，此番再任江苏巡抚，本想以同知举荐，在他看来，贺多年知县，此番举荐同知，也不过州府副职，相较贺之才干，应早有过之而无不及，但人才迟迟未被起用，故结尾之句，不免发点牢骚。此联对仗工稳，细论“神君”“举主”“进士”“宰官”几个连用的名称，皆切合身份，移易不得。

挽沈廉

淮浦最倾襟，脱颖为君欣得地；

吴门方扫榻，遗函报我已生天。

【注释】

淮浦：淮河流域。“余官淮海道时，延君（沈廉）司书记，刮目待之。”（梁章钜《师友集·卷七》）

扫榻：以指迎宾。“西窗方扫榻，玉树已先摧。”（梁章钜《师友集·卷七》）

遗函报我：“甫得报书，旋闻化去，尚未及中寿也。”（梁章钜《归田琐记·卷六》）

【解析】

联见梁章钜《归田琐记·卷六》：“余有所撰知好挽联，必出手制，然但抒哀恨，且冀以存其人，不暇计工拙也……又寄挽归安沈香城别驾廉云：‘淮浦最倾襟，脱颖为君欣得地；吴门方扫榻，遗函报我已生天。’余延香城于袁江署斋三年，甚相得，香城得官后，改执弟子礼甚恭。近以夺官归里，余急折简迎之，甫得报书，旋闻化去，尚未及中寿也。”

沈廉，字香城，浙江归安（今属湖州）人，“由诸生捐通判，分发东河，被劾归。余官淮海道时，延君司书记，刮目待之。濒行，荐于潘芸阁副帅，遂改司库贮，而主宾相得益欢，至东河吴霁峰河帅尤倚重之。遂招众忌，祸几不测，归不逾时，即卒，年仅四十余。余抚苏时，尝手书招之，而君竟不及寓目矣”（梁章钜《师友集·卷七》）。沈廉早年在梁章钜官居江南淮海道时即为其幕僚，算是老相识，后来梁章钜再官江苏巡抚，欲再度启用，奈何沈廉因病早逝，“未及中寿”。古人言，“人之寿，久之不过百，中寿不过六十”（《吕氏春秋·孟冬纪》）。因此，梁章钜亦有诗感慨：“宦海原难测，狂澜幸易回。西窗方扫榻，玉树已先摧。”（梁章钜《师友集·卷七》）此联虽是哀挽，然大方自如，所言也皆为本事，俱见真情。“天”“地”之对，想到故人，亦有万里隔绝之势。

挽周广文

一乡善人，勖哉一弟分忧，一孤在抱；

两行老泪，痛此两年盛会，两世交期。

【注释】

盛会：“余到浦后，逭暑消寒之会颇盛。”（梁章钜《归田琐记·卷六》）近人曾言，“梁茝邻中丞，引疾侨居浦城，购地数分，缚茅架屋。宅左有园，园中池上草堂，为会客之所……颇得优游林下之乐云”（范左青《古今滑稽联话》），梁章钜在浦城诗酒雅会，周广文亦在座。

【解析】

联见梁章钜《归田琐记·卷六》：“余有所撰知好挽联，必出手制，然但抒哀恨，且冀以存其人，不暇计工拙也……在浦城挽周芑源广文云：‘一乡善人，勖哉一弟分忧，一孤在抱；两行老泪，痛此两年盛会，两世交期。’余到浦后，逭暑消寒之会颇盛，芑源辄在坐，尝称之为‘一乡善人’，同人无异辞也。”

周广文，字芑源，“福建浦城人，为儒学教官……梁章钜辞官后曾居浦城，与周芑源过从甚密”（胡毅雄《清十大名家对联集·梁章钜联集》）。此联在“一”“两”的重复之间，叙友谊，畅哀思，铺陈有致。而“勖哉”“痛此”的分隔，打破了三个重字且每句话都有四言句式的平滑，增强了语气，遂不觉生硬。

挽郑淑卿

相夫历八州督，教子擅八砖才，谁知八座起居，病与一生相伴住；

老屋忆文笔坊，新居望文藻宅，都是文星照耀，魂兮万里定归来。

【注释】

历八州督：“侯官林少穆督部……历官至两湖、两江、两广总督。”（梁章钜《师友集·卷五》）

教子：有子林汝舟（字镜帆）为翰林。“少穆由西域赐环后……且闻已饬喆嗣镜帆编修还朝供职。”（梁章钜《楹联三话·卷下》）

八砖：唐有“八砖学士”，以喻翰林之职。

八座：尚书之位。“但有日官居八坐，位列三台。”（《朱太守风雪渔樵记·第二折》）。

文藻宅：“福州城西有文藻山，林则徐故居在此，名‘云左山房’。‘云左’与‘文藻’，闽语谐音。”（胡毅雄《清十大名家对联集·梁章钜联集》）

万里：“林则徐接任云贵总督后，于道光二十七年四月从西安出发，经陕、川赴滇，历时两月，至六月十五日抵达昆明。郑淑卿抱病相随，万里跋涉，致病情日益恶化，虽经多方诊疗，仍无力回天。”（张伟振《海纳百川：林则徐楹联全集》）

【解析】

联见梁章钜《楹联三话·卷下》：“林少穆督部之元配郑夫人卒于云南官署。夫人一生福寿兼全，惟中年以后即为疾疢所缠。然由甘陇移滇南，犹间关万里也。余未得其讣音，乃预制一联寄少穆。忆余失偶时，曾以先室行状寄少穆，少穆即隐括状中语，撰一长联相寄。今余未得读夫人行状，道远不能相待，乃以意质实言之云：‘相夫历八州督，教子擅八砖才，谁知八座起居，病与一生相伴住；老屋忆文笔坊，新居望文藻宅，都是文星照耀，魂兮万里定归来。’”

林少穆，即林则徐，见“赠林则徐”联。郑淑卿为林则徐之妻，“福建侯官人。其父郑大谟，字孝显，号青墅。乾隆五十五年进士。曾任河南省永城县知县……郑淑卿为其长女，善诗书，晚号绛红楼老人……道光二十七年十月十五日，郑淑卿病逝，年五十九”（张伟振《海纳百川：林则徐楹联全集》）。“嘉庆九年……林则徐中举后，就在揭晓那天和郑淑卿结婚，时郑氏年十六岁。”（来新夏《林则徐年谱长编》）林则徐和郑氏相濡以沫，感情至深，夫人去世后，林则徐曾有挽联，“同甘苦四十四年，何期万里偕来，不待归耕先撒手；共生成三男三女，偏值诸儿在远，单看弱息倍伤神”（李文郑《林则徐楹联辑注·哀挽二》）。

“四十余年的共同生活，一旦生离，使林则徐感到很悲痛，旧疾因此复发。”（来新夏《林则徐年谱长编》）作为林则徐老友，梁章钜也一直在挂念郑氏病情，因此提前“预制”挽联，以备不时之需。此联上下联起笔三句，“八”“文”复字牵引，铺陈开来，各有所指，环环相扣，便不以为冗赘。所云典故，更一一切合。然作者所说，在所知资料有限的情况下，能成此作，可谓“炫技”。

梁章钜在联中提及林则徐的老屋、新居，如他所说，“余福州老屋在屏山之麓，与少穆为比邻者数年”（梁章钜《归田琐记·卷八》）。后世据此多以为两家“比邻而居”，但据考证，“林则徐是福州人，住福州市鼓楼区文藻北路……小黄楼（梁章钜故居）距文藻北路，笔者实地勘察和网络地图测量有636米，约需走12分钟。因此林、梁只是住得相近，并非是邻居”（陈学樑《梁章钜年谱及补缀》）。

挽李太夫人

锡命兼锡寿从天，节署普庆承欢，喜堂北萱荣，周甲刚娱莱子舞；

同宗复同官自昔，弱息又叨慈荫，怅瓯东萍系，生刍遥奠颍封羹。

【注释】

锡命：天子诏命。

萱荣：萱堂之荣，以喻母德。

莱子舞：春秋隐士老莱子戏彩娱亲，莱衣起舞，孝养双亲。

瓯东：“时余就养东瓯。”（梁章钜《楹联三话·卷下》）

生刍：本意新割的草，后用以致祭。“生刍一束，其人如玉。”（《诗经·小雅·白驹》）“生刍一束，泣血三年，不逾圣人之礼，能行大夫之孝。”（杨炯《泸川都督王湛神道碑》）

颍封羹：宋祁《挽张元常葬母夫人二首》有云“象服流恩贵，轻舆就养荣。新成大家赋，经饷颍封羹。过隙诚难驻，藏舟自不惊。子贤能顺礼，三月祔佳城”（《全宋诗·第二十一部》）梁章钜引此以喻葬母之事。

【解析】

联见梁章钜《楹联三话·卷下》：“浙江抚部梁楚香宝常官庶常，于余为同馆；令山左，于余为同官。而恭儿观政之江，又托其宇下。其太夫人寿登八十有七，迎养在署。前岁承九重赐寿，有‘节署承欢’之扁，备极宠荣。今岁抚部亦年登周甲，僚好各制锦称觞……抚部之寿辰在六月十七，而太夫人于前十日以微疾弃养。余复寄挽一联云：‘锡命兼锡寿从天，节署普庆承欢，喜堂北萱荣，周甲刚娱莱子舞；同宗复同官自昔，弱息又叨慈荫，怅瓯东萍系，生刍遥奠颍封羹。’”

梁宝常，见“贺梁宝常六十寿”联。如其所言，二梁系“同宗复同官”，而梁章钜三子梁恭辰新任温州，正是梁宝常部署，故说“托其（梁宝常）宇下”，文字应酬，自当歌吹几分。此前梁宝常六十寿，梁章钜赠联便极具夸赞之意。此联几乎句句用典，切合本人，然梁氏与此老夫人并不相识，却以仅有的同宗、同官等联系，大做文章，煌煌五十言，把能联系的地方都尽情发挥，足见赞许之心。梁氏如此用心，与“恭儿观政之江，又托其宇下”不无关系。

挽许太淑人

桂岭芜城，随地齐歌众母母；

萱心莲性，生天早现法身身。

【注释】

桂岭芜城：言其子供职之处。“太淑人之子两淮分司小琴惇诗、粤西太守芍友惇书。”（梁章钜《归田琐记·卷六》）

众母母：“堪为众母之母。”（胡毅雄《清十大名家对联集·梁章钜联集》）

萱心：萱草，以喻母亲。

莲性：此处指佛家修为，以喻慈心至性。

法身身："佛家语谓法身不生不灭，无形而随处现形。"（胡毅雄《清十大名家对联集·梁章钜联集》）

【解析】

联见梁章钜《归田琐记·卷六》："余有所撰知好挽联，必出手制，然但抒哀恨，且冀以存其人，不暇计工拙也……又寄挽杭州许太淑人云：'桂岭芜城，随地齐歌众母母；萱心莲性，生天早现法身身。'太淑人之子两淮分司小琴惇诗、粤西太守芍友惇书，皆余门下士，居官并有循声云。"

许惇诗、许惇书为同怀兄弟，皆为梁章钜门下弟子。梁章钜隐退后前往江浙，正是应许氏兄弟相邀，其曾言"芍友与小琴为同怀兄弟，并余门下士，师友之谊甚笃，而意趣各不同，论者以为两人有冰炭之分，谓芍友清而小琴热，又谓芍友视天下无易事，小琴视天下无难事。盖芍友遇事必熟思审处，计出万全而后行，小琴遇事则挺身直前，期于必成而后已，皆通才可倚恃而肝胆照人者也"（梁章钜《浪迹丛谈·卷三》）。此联借其子政绩以扬其母，"众母母"对"法身身"不失工巧，而"桂""芜""萱""莲"之对，虽为成语，但皆与"草木"相关，当是有意为之，其中精妙，不可不察。

寓所

福州黄巷老屋魁星阁

彩笔昔曾干气象；

文昌新入有光辉。

【注释】

魁星：星宿名，传说主文运。

文昌：亦为文昌帝君，“梓潼帝君庙，在吴山承天观。此蜀中神，专掌注禄籍，凡四方士子求名赴选者悉祷之”（吴自牧《梦粱录·外郡行祠》）。此处亦双关用字面之意。

【解析】

联见梁章钜《楹联丛话·卷三》：“余家有魁星阁，上悬黄石斋先生所画魁星像一轴。笔墨雄伟，迥异恒蹊。惟足踏梅花一枝，不知所取，或寓‘梅占百花魁’之意。余集杜、白句为联云：‘彩笔昔曾干气象；文昌新入有光辉。’后晤一客云：‘前人已有此集句也’。”

此联为集句联。上联出自杜甫《秋兴八首·其八》：“彩笔昔曾干气象，白头吟望苦低垂。”下联出自白居易《闻杨十二新拜省郎，遥以诗贺》：“文昌新入有光辉，紫界宫墙白粉闱。”“余家有魁星阁”，此处“余家”应为福州故居。黄太茂《梁章钜楹联辑注》以为“在福建长乐县”。据梁章钜《制义丛话·例言》所引，“吾家自前明中叶至今……国初以迁海之禁，由长乐徙居福州”。另据梁章钜

《退庵自订年谱》所言“国初迁居福州城中”，可知其在福州。又梁章钜《楹联丛话·卷十二》：“余福州老屋在黄巷”，乃知此魁星阁原在福州黄巷老屋。

此联是梁章钜早年之作，从中既可见这个“一脉相传为郡邑庠生十余世”的书香门第之自豪，也可见梁氏科甲及第、胸有成竹之自信。虽为集句，但两句古诗气息相承，仿佛己出。梁章钜在书中借来客之口点出“前人已有此集句”，后在《楹联三话·卷上》有云：“嘉庆末，福州大修贡院，规制恢宏。适林少穆督部奉讳里居，所有楹联悉出其手……又集杜句一联云：‘乡赋念嘉宾，彩笔昔曾干气象；持衡留藻鉴，文昌新入有光辉。’”可知与其“撞车”的“前人”，或许就是其好友林则徐也。

福州黄巷新宅

择里仍居黄巷宅；

辞官恰及白公年。

【注释】

择里：关于择里，在梁家曾发生过一段故事。“余福州老屋在黄巷，唐校书郎黄德温先生璞故里，黄巢所称儒者之宅，相戒勿犯者也。屋之对门为酒垆。忆初入宅时，先叔父九山公手书杜句作门联云：‘座对贤人酒；门听长者车。’后酒家酒渐不售，遂归咎此联，以为‘贤人’语含讥讽。公因复集杜句改署于门曰：‘宅入先贤传；门听长者车。’乃不逾年而酒家歇业，有一伧父奄有其地，改换门庭；后四十年，余由苏藩假归，遂卜居焉。”（梁章钜《楹联丛话·卷十二》）

黄巷宅：“黄巷位于南后街东侧……旧名（唐代及其以前）黄巷，宋时改新美坊，又称新美里。明万历以后复称黄巷，沿用至今。”（《福州史志·坊巷里弄》）“余旧居黄巷，新宅即在旧宅对门。”（梁章钜《退庵诗存·卷二十》）

白公年：白公，即白居易。“公（梁章钜）辞官适符白香山归洛之年，朋旧过从无虚月，亦与香山同”（陈衍《石遗室诗话·卷二十一》）。

【解析】

联见梁章钜《楹联丛话·卷十二》：“余于五十八岁引疾归里，有口号云：‘择里仍居黄巷宅；辞官恰及白公年。’李兰卿以此十四字作分书楹联相赠。”

此为摘句联。梁章钜《退庵诗存·卷二十一》有《归帆杂咏·其一》诗云：“便殊画锦亦轩然，归计何烦下瀼田。择里仍居黄巷宅，辞官且纪白公年（余今年五十八，与白香山归田年同）。”梁章钜此番选择新宅，与旧宅对门而居，不禁想起当年叔父择里题联的故事，故此番联中，“择里仍居”意有所指，是对之前故事的呼应。而此联黄、白相对之间的巧合，颇见自信。梁章钜生平喜慕白居易，曾以白氏自比，此次辞官归里，恰与白居易同岁，这种巧合，他显然十分满意，故特意撰联并请人书之。

黄楼作为梁章钜故居，至今仍存。“黄楼的具体位置是福州市鼓楼区黄巷36号，位于福州最有名的三坊七巷中，事实上，今天的‘黄巷36号’不仅仅是梁章钜故居，也是黄璞和陈寿祺故居。”（韦力《梁章钜黄楼：读书曰专实博，楹联杂录誉今》）

福州东园芝南山馆

历中外廿年身，宦海扁舟，万顷惊涛神尚悚；

就高低数弓地，儒宫环堵，三竿晓日梦初醒。

【注释】

中外：“先生由词垣历枢禁，出典封圻，遍历中外四十年。”（王庆云《梁茝林先生七十诞辰寿序》，见梁章钜《归田琐记·卷二》）

儒宫：本指官办学校。梁章钜归里后曾主讲鳌峰书院，亦应在此授课儿孙、交流诗书。

环堵："儒有一亩之宫，环堵之室。"（《礼记·儒行》）

三竿："日出高三竿。"（《南齐书·天文志上》）

【解析】

联见梁章钜《楹联丛话·卷十二》："余于五十八岁引疾归里……时方得文衡山《芝南山阁画卷》，余自书'芝南山馆'扁于厅事，盖寓知难而退之意。并自制一联云：'历中外廿年身，宦海扁舟，万顷惊涛神尚悚；就高低数弓地，儒宫环堵，三竿晓日梦初醒。'"

文衡山，即文徵明，明代书画家。据梁章钜《退庵自订年谱》："癸巳，五十九岁……是岁修葺宅左小园，榜曰'东园'，分为十二景，有诗纪之。"此番修葺，并为东园诸景题写匾联。"芝南巧合知难意"，用他的话说，是"知难以寓退思"（梁章钜《退庵金石书画跋·卷第十六》），取"知难而退"之意，故上联末尾所言"惊涛"，也是指其宦海之"难"。在此期间，为申明此意，他还曾题写十六字"禄岂须多，防满则退。年不待老，有疾便辞"（梁章钜《归田琐记·卷一》），请友人刻了一方小印。此联言及宦海浮沉，是其五十八岁首次归隐之语。然梁章钜自"壬戌，二十八岁，会试以二甲第九名成进士"（梁章钜《退庵自订年谱》），至此已宦迹三十年；而首次外放荆州已四十八岁，至此也才十年，故联中"廿年"之说或是笔误，或是泛指，或别有所指暂不得而知。总之，都无关紧要，只要亮明心迹即可。

福州东园藤花吟馆

有客醉，无客睡，福简简，吁可愧；

长歌粗，短歌疏，诗平平，聊自娱。

【注释】

有客醉："藤花吟馆为同人觞咏之地。"（梁章钜《退庵诗存·卷六》）

简简："降福简简，威仪反反"（《诗经·周颂》），此处取字面之意。

平平：乃自谦之语，梁氏曾言"所愧诗不进，诗外无工夫"（梁章钜《退庵诗存·卷二十三》）。

【解析】

联见梁章钜《楹联丛话·卷十二》："余于五十八岁引疾归里……嗣于东园中葺'藤花吟馆'，又制一联云：'有客醉，无客睡，福简简，吁可愧；长歌粗，短歌疏，诗平平，聊自娱。'此二联颇闻于时，江南僚友有以为妒者。"

藤花吟馆如梁章钜自言，"适园中有藤一架"（梁章钜《退庵诗存·卷二十三》），因此而题名。梁章钜曾有诗曰"聊堪拼一醉，明发始催诗"（梁章钜《退庵诗存·卷五》），这是他和朋友雅集之后的感慨，从中也可以领会到，这副联正是他"隐居"之后的真实写照和自在情怀，尤其联中重字、叠字和三字一逗造成的明快之感，在写法上重叠跳跃，很有节奏，是有意表达出轻松自如之态。如评者所言，"有陶渊明闲淡之概"（许启檏《分类古今联话》）。

此间雅集，好友林则徐未曾参与，但看到他们的雅集图后，也想与众人"乐数晨夕"（梁章钜《师友集·卷五》）；好友陶澍则称赞"人间此会疑仙饮，独羡先生笔似椽（诸人多饮酒，独茝邻像操管吟咏）"（陶澍《陶文毅公全集·诗集·卷六十》）；而梁氏自己也有诗说道，"昔者藤花馆，久矣非吾庐。一树复在兹，仍堪入画图。俯仰廿载赢，翩然已遂初。所愧诗不进，诗外无工夫（用陆放翁诗意）"（梁章钜《退庵诗存·卷二十三》）。相较第二次隐退之后的客居他乡、病中调理和战乱牵怀，首次隐退在福州东园的这三年时间，可以说是梁章钜一生中最为快活的一段时光。

福州东园百一峰阁

平地起楼台，恰双塔雄标，三山秀拱；

披襟坐霄汉，看中天霞起，大海澜回。

【注释】

平地起楼台：此处“距地三丈余尺，城外诸山，系在眉睫，因约举其数以为阁榜”（梁章钜《退庵诗存·卷二十三》）。

双塔：福州城中白塔、乌塔。“三峰环宇，双塔插空。”（王应山《闽都记·卷之三》）

三山：福州别称。“越王山、乌石山、九仙山，即郡城中三山也。郡名三山以此。”（《福州府志·卷五》）

大海：“（福州）西北依山，东南濒海，流峙之雄，实闽土大观。”（《福州府志·卷三》）

【解析】

联见梁章钜《楹联丛话·卷十二》：“余于五十八岁引疾归里……又有‘百一峰阁’，为园中最高处，余所手建并题联云：‘平地起楼台，恰双塔雄标，三山秀拱；披襟坐霄汉，看中天霞起，大海澜回。’客有诵此联，决余必当复出者。”

百一峰阁落成时，梁章钜曾有诗曰：“环城皆成峰，岂宜限百一。就可指数者，森森特秀出。三山如列鼎，双塔如卓笔。一阁领其胜，城中殆无匹。”（梁章钜《退庵诗存·卷二十三》）同此联一样，看似写景，但评者皆以为，梁氏此时虽然隐退在家，然胸中亦有丘壑，如联语中霞起、澜回之势，下笔很见抱负。此联一出，有人甚至以为梁章钜不久后定当要复出为官。不过三年，梁氏果然复出，无法确定是否和这副联所要表达的语境有关，但好友林则徐确实以“东山卧起讵容迟”的诗句对他进行过鼓励（《林则徐全集·第六册》）。毕竟“一切景语皆情语”，看此联“方正雄健，气宇轩昂”（刘太品《对联新谭》），尤其结句极有气势，的确不像是一位真心潜隐者的状态。

另见贵州刘韫良题有百一峰阁联：“山海助奇观，故我游来，五十岁还虚五岁；风云标异态，天工设就，一百峰更剩一峰”，并自注“余游此阁，适四十五岁。梁章钜题福州涌泉寺山门弥勒佛联，‘平地起楼台，恰双塔雄标，三山秀拱；披襟坐霄汉，看中天霞起，大海澜回’”（刘韫良《壶隐斋联语类编·卷之五》）。另见林山《联话福州》载此联亦曾在长乐三峰寺刊挂。它们究竟是何时移去，皆有待考证。

福州东园全闽诗钞楼

藏名诗酒间，竹屋纸窗清不俗；

养拙江湖外，风台月榭悄无言。

【注释】

全闽诗钞：梁章钜著作。“《闽诗钞》五十卷（皆录宋以后至国朝各诗，未刻）。”（梁章钜《归田琐记·已刻未刻书目》）

【解析】

联见梁章钜《楹联丛话·卷十二》：“百一峰阁之左有楼三楹，余辑《全闽诗钞》于此，因以为楼额。其联则集前人句云：‘藏名诗酒间，竹屋纸窗清不俗；养拙江湖外，风台月榭悄无言。’”

此联为集句联。上联分别集自鲍照《和王丞诗》“灭志身世表，藏名琴酒间”，原句是“琴酒”；张道洽《梅花》“竹屋纸窗清不俗，茶瓯禅榻两相宜”。下联分别集自杜甫《酬韦韶州见寄》“养拙江湖外，朝廷记忆疏”，朱熹《次张彦辅赏梅韵》“风台月观悄无言，玉笛冰滩索同赋”。原文作“月观”。另见明人童琥有诗《梅花集句四首》，将“竹屋纸窗清不俗，风台月观悄无言”集为一联。

梁章钜自称“余喜搜访乡里旧事”（《归田琐记·卷三》），《全闽诗钞》便是他主持编纂的一部重要乡邦文献。然为此题联，梁氏并未囿于乡土文献之说，而是通过集句，借用前人口吻，以“诗酒”“江湖”勾勒出一副赏玩掌故、品评文献的沉醉之状。集句切景切人。而梁章钜将原诗中的“琴酒”改为“诗酒”、“月观”改为“月榭”，联系周围环境，更加切合实地，笔者所料，应不是记忆有误，多半是有意而为之。

福州东园宝兰堂

随遇自生欣，暖日和风入怀抱；

静观可娱老，崇兰幽竹有情文。

【注释】

随遇："山林城市，随遇即安。"（李之仪《为人作真赞·其二》）

娱老：老莱娱亲，见"挽李太夫人"联。

崇兰幽竹：因与兰亭有关，借用《兰亭集序》语。"此地有崇山峻岭，茂林修竹，又有清流激湍，映带左右。"（王羲之《兰亭集序》）

【解析】

联见梁章钜《楹联丛话·卷十二》："百一峰阁之左有楼三楹……楼之下为'宝兰堂'，因庋'褚兰亭'石刻于此，即集《兰亭》字云：'随遇自生欣，暖日和风入怀抱；静观可娱老，崇兰幽竹有情文。'"

此处题额"宝兰堂"，是因藏有"褚兰亭"，即唐朝书法名家褚遂良临摹晋代王羲之《兰亭集序》的写本。"吾斋藏褚临《兰亭》黄绢本，为海内有数墨宝，曾勒石于吴门。归田后携石与俱作堂贮之。"（梁章钜《退庵诗存·卷二十三》）从梁章钜的描述中，可知此"褚兰亭"乃是稀世珍宝。梁章钜对此爱不释手，还曾赋诗一首："褚临绝瑰奇，米跋亦渊古。上石自吴门，瑶台耿风矩。持归诧朋辈，眼福到瀛浒。庋之以华堂，吾乡之定武。"（梁章钜《退庵诗存·卷二十三》）为此题联，他还特意选用历代书家都喜用的兰亭集字之法，以《兰亭集序》集字成联，瞬间将人带入"崇山峻岭，茂林修竹"的兰亭之境。其如获至宝，乐在仰观俯察之情也溢于言表。

浦城北东园中堂其一

历宦海两朝身，万顷惊涛仗忠信；
借他乡一廛地，卅年此屋亦辛勤。

【注释】

两朝：指其从政在嘉庆、道光两朝。

一廛：古时一夫所居之地。“远方之人，闻君行仁政，愿受一廛而为氓。”（《孟子·滕文公上》）

卅年：“韩诗‘辛勤三十年，以有此屋庐’。”（梁章钜《楹联续话·卷之二》）

【解析】

联见梁章钜《楹联续话·卷之二》：“侨居浦城……中堂联云：‘历宦海两朝身，万顷惊涛仗忠信；借他乡一廛地，卅年此屋亦辛勤。’韩诗‘辛勤三十年，以有此屋庐。’”

道光壬寅（1842年），六十八岁的梁章钜于江苏巡抚署理两江总督任上，再度因病请辞，因英军袭扰浙东，“钱塘江口戒严，不敢前发，遂回帆北渡扬子江”，先是寓居扬州三月，后又听闻“英夷要在福州设立马头，已经疆臣奏准，城中士民惶惑，有纷纷逃避之意”，不得已于六月底侨居福建浦城，并感慨“竟至有家而不能归”（梁章钜《归田琐记·卷首》）。故联中“他乡”之感，亦是如斯。

梁章钜在其自订年谱中并云，在这段慌忙岁月中，他还“忙中辑《楹联续话》四卷、《巧对录》四卷，皆自为之序”（梁章钜《退庵自订年谱》），并于翌年，“购花园同荒地一区，起造新宅，左有方池半亩，遂环池略缀屋宇，榜曰‘北东园’，以别于福州之东园也。四月，进新宅”（梁章钜《退庵自订年谱》），其间，便为北东园诸建筑题写匾联。其中部分联语是此前福州东园旧作略加改动，他在战时被迫暂居此处，“时异事迁，因就旧词稍更新意，以存一时情事云尔”（梁章钜《楹联续话·卷之二》）。正值英夷侵犯，身肩两江重任的梁章钜在此时因病开缺，也有人认为，“可能与五月中林则徐被革去四品卿衔、从重惩处、充军伊犁及外夷入侵的国势有关。朝廷对他是‘可以用又不予重用’的态度”（陈学櫟《梁章钜年谱及补缀》）。无奈之下，暂居他乡，梁氏只能借韩愈诗文，感慨己身宦海三十年之事。虽暂借一廛之地，但回首往事，问心无愧，如今不过随遇而安而已。

浦城北东园中堂其二

安土而能敦，因寄所托；

择邻焉得智，且住为佳。

【注释】

安土而能敦："然吾师（梁章钜）天怀淡定，安土能敦。"（许惇书《归田琐记·跋》，见梁章钜《归田琐记》）

择邻：因父辈曾遭遇择邻困扰，梁氏对择邻一事历来比较重视，并有诗曰："买宅由来重买邻，急何能择且因循。枭鸾不碍分栖稳，燕雀终归大造仁（卜宅之初，横逆之来，至不可理喻，未几即归我，循扰如鱼鸟之亲人也）。"（梁章钜《归田琐记·卷八》）

【解析】

联见梁章钜《楹联续话·卷之二》："侨居浦城……中堂联云……又云：'安土而能敦，因寄所托；择邻焉得智，且住为佳。'"

此联为集句联。上下联第一句分别集改古句，上联第一句来自何梦桂《再和·其四》："顺天以全德，安土以敦和。"下联第一句来自《论语·里仁》："子曰：'里仁为美。择不处仁，焉得知？'"后两分句为集成句，上联来自王羲之《兰亭集序》："或因寄所托，放浪形骸之外。"下联集自辛弃疾《玉蝴蝶·追别杜叔高》："寒食近也，且住为佳。"联想此前处境及所引用诗文可看出，梁氏此联中仍然是邻不由我择，随遇且能安的心态。如他所言"横逆之来，至不可理喻"，倒不如"且住为佳"，这两句话也是他自我寻求的开脱。

浦城北东园书室

平地起楼台，流寓依然吾土美；

著书多岁月，退思未报主恩深。

【注释】

流寓：指侨居浦城，暂为他乡之客。

【解析】

联见梁章钜《楹联续话·卷之二》：“侨居浦城……又书室中一联云：‘平地起楼台，流寓依然吾土美；著书多岁月，退思未报主恩深。’”

梁章钜生平乐于著述，此番虽然侨居，但他脱去官场羁绊，总算能安心写作，也不失为奔波中的一点乐事。好友王庆云为他所撰《梁茝林先生七十诞辰寿序》中就说，“（梁章钜）生平无他嗜好，以著述为性命，强识博闻，达于国家掌故”（梁章钜《归田琐记·卷二》）。好友林则徐在给他写的墓志铭里也说道：“自弱冠至老，手不释卷，盖勤勤于铅椠者，五十余年……仕宦中著撰之富，无出其右。”此联是梁氏晚年生活的真实写照，流寓的遭际尚不能全然释怀，但却难得能集中精力于著述。诚如斯言，其《楹联续话》《巧对录》《归田琐记》等，皆于此时付梓。

联中也着重写到“退思”，虽然有许多无奈，但此次开缺，是梁章钜以病为由主动请辞。联想当时处境，他的思绪其实并未完全宁静下来，联中“流寓”“退思”之笔，便见其愁绪，而且从下联结尾可见，他之“退”未必是真心想退，这其中多少是有隐情的。后来，其知心弟子许惇书在为他的《归田琐记》题跋时就曾言：“吾师茝林梁公少无宦情，通籍后复家居十年始出，苏藩、苏抚任内，又两次以疾引归，可谓难进易退者矣。然惇书窃读公所撰著，一则曰‘归田谁信本无田’，再则曰‘归田何事不真归’，但惜无田抑又非。乃知年来侨居南浦，不但无田可归，直至有家而不能归，反复屡形于吟咏中，每令人不忍卒读。”（见梁章钜《归田琐记》）从中略可知其当时无奈的心境。好友王庆云直言，“夫人臣事君，大节在进退，惟大臣尤难……夫以先生受主知，得行其志，而犹难进易退如此……且惟上能保全始终，使先生得以疾辞，则亦惟上能愈先生之疾而起之”（《梁茝林先生七十诞辰寿序》，见梁章钜《归田琐记·卷二》），直接言明梁氏之退不失为一种“保全”，而这一切，“惟上”“主知”，故而梁氏联中所未报主之“恩深”，应也包含道光帝对其同情成全之心。

浦城北东园池上草堂其一

客来醉，客去睡，老无所事吁可愧；

论学粗，论政疏，诗不成家聊自娱。

【注释】

客来：“园中池上草堂，为会客之所，悬手题一联云……颇得优游林下之乐云。”（范左青《古今滑稽联话》）

诗不成家：乃自谦之语。翁方纲曾评梁章钜诗文曰：“手腕境界迥异时流。”（翁方纲《梁茝林藤花吟馆诗钞序》）

自娱：“侨居浦城四载有余矣，北东园中草木日长，半亩塘中游鱼亦渐大，甚可闭户自娱。”（梁章钜《浪迹丛谈·卷一》）

【解析】

联见梁章钜《楹联续话·卷之二》：“兹于壬寅秋复引疾得请，侨居浦城……园中有池，有楼‘池上草堂’联云：‘客来醉，客去睡，老无所事吁可愧；论学粗，论政疏，诗不成家聊自娱。’”

此联与其福州东园藤花吟馆联如出一辙，趣味相仿。“句脚是押韵的……上联之‘醉’‘睡’‘愧’全是‘寘’韵字，下联之‘粗’与‘娱’为‘虞’韵字，‘疏’为‘鱼’韵字，《诗韵合璧》：‘鱼，古通虞。’”（余德泉《中华对联通论》）三个句脚全部押韵，读起来更为顺畅流利。此联相较前作可视为“加强版”，也流传更广，更为知名，近代以来入编多部联话及典籍。为什么在“隐退”之后的草堂选择写这样一副押韵联，常江先生以为“也许考虑到有韵脚的对联更能表现洒脱自如的性格，楹联大家梁章钜才进行了这一‘创造’吧”（常江《中国对联谭概》)。“这副对联是作者晚年修身处世的自由”(傅小松《古今名联点评》)。“试品味之，与袁枚所题自嘲联，岂不是大异其趣”(肖经尧《读联札记》)。如众家所评，此联亦是梁章钜的代表作之一。

另见《古今联语汇选》题名“池上草堂联”，《清联三百副》误题“北京东园草堂”，唐子畏《历代名人名联鉴赏》题名“题所居池上草堂联”，白雉山《名联三百副评注》题名“自嘲联”，张志春《古今作家名联选》题名“题会客室联”。按梁氏自署，应正名为：浦城北东园池上草堂联。

浦城北东园池上草堂其二

地价不妨多，明月清风本无价；

物情何足校，近水遥山皆有情。

【注释】

地价：“梁章钜……在福州购置新居，地价高于寻常，集欧阳文忠及苏子美诗句为联以解嘲云。”(刘隆民《龙眠联话·卷一》)

物情：“抚今思昔，时异境迁，老病日增，徒形兀兀。盖不禁感慨系之也。”(梁章钜《楹联续话·序》)

有情：指以园林陶冶性情。“今者林泉怡性，著述等身。”(许惇书《归田琐记·序》)

【解析】

联见梁章钜《楹联续话·卷之二》：“园中有池，有楼‘池上草堂’联云……又一联云：‘地价不妨多，明月清风本无价；物情何足校，近水遥山皆有情。’此聊纪近事，而借欧阳文忠及苏子美诗语以解嘲也。”

此前提到过，梁章钜一生对苏州沧浪亭情有独钟，此处修建新园，“方池之右，杂花修竹之间，有小亭翼然，偶忆吴中旧事，题曰‘小沧浪亭’”(梁章钜《退庵诗存·卷二十三》)，亦不忘点缀些许“沧浪”景致，并移用昔日为沧浪亭所题的集句联，进一步阐明“光景谅不殊，所得则已丰”的心境。此联就“地价”事宜另有别解，借用自己多年心怡之作——苏州沧浪亭联，进一步诠释所“贵”者并非在土地，而“在山水之间”的主旨。否则，已然高价入手，不这么说，又如何令自己宽心，堵别人口舌。高人雅士，所贵者自在意趣耳。

联中“明月清风”与“近水遥山”皆为仄仄平平，平仄失对。所引据道光癸卯南浦寓斋刻本等多版《楹联续话》，原书均作“明月清风”，或是录入或刊刻之误。

扬州支氏宅见一楼

即知远客虽多事；

将谓偷闲学少年。

【注释】

支氏宅：支菊溪宅。梁章钜《浪迹丛谈·卷十一》有赠《支菊溪观察》诗写道：“余借居广厦一年，君不受赁值，濒行，以旧藏苏文忠墨迹卷报之。”

远客：作者寓居自称。“去乡离家兮徕远客，超逍遥兮今焉薄。”（《楚辞·九辩》）

【解析】

联见梁章钜《浪迹丛谈·卷二》：“壬寅年因避海警到扬州，借居流芳巷张松崖郡丞容园中者三阅月，水木之胜甲于邗江；今岁重至扬州，则松崖已赴官袁浦，许小琴为卜居南河下之支氏空宅中。宅无园圃而高梁广厦，亦是邗江第一家，于逭暑为宜，而家人犹有苦热者。因口占一律示之云：‘借人广厦乐栖迟，随分都忘故土思。但舍高官何必隐，弗耽佳句易成诗。纵横铅椠家人笑，脱略衣冠过客疑。祇惜万方同苦热，清凉心地有何裨。’尝录呈云台师，谓末联别出一意，必如此诗方非空作。适修林少穆中丞信，亦附呈此诗，中丞回信云：‘读寄诗，甚羡甚愧，末二句尤觉深人无浅语耳。’此宅前厅最崇敞，壁星泉制军、梁楚香抚军过访，皆讶余财力之雄，而不知其为借居也。星泉曰：‘虽是借居，然不可无一题扁，以纪一时鸿爪。’余拟题为‘随安室’，属许珊林太守篆之。后进有大楼，儿辈亦请题扁，余笑曰：可署为‘见一楼’乎？或请其说，余曰：‘相逢尽道休官去，林下何曾见一人’，拟戏摘二字耳。或曰：此句究出何典？余曰：此唐人诗也。韦丹《寄灵彻》云：‘王事纷纷无暇日，浮生冉冉只如云。已为平子归休计，五老岩前必共闻。’灵彻酬云：‘年老身闲无外事，麻衣草坐亦容身。相逢尽道休官去（或作“好”），林下何曾见一人。’客曰：既有扁矣，可无联乎？余复戏集唐、宋人句云：‘即知远客虽多事；将谓偷闲学少年。’客为辴然。”

此联为集句联。上联出自杜甫《又呈吴郎》：“即知（一作‘防’）远客虽多事，便插疏篱却甚真。”下联出自程颢《偶成》：“旁人不识予心乐，将谓偷闲学少年。”《江苏对联集成》题名“支氏宅联”，《中国对联集成》题名“扬州见一楼”，胡毅雄《清十大名家对联集·梁章钜联集》题名“题扬州邗江居宅联”。按梁氏自署，应正名为：扬州支氏宅见一楼联。

七十二岁的梁章钜于道光二十六年（1846年）五月抵达扬州，次年四月离开，寓居扬州近一年。其间借宿他人宅园，题此联语，其中“远客”即言借居之事，所谓“偷闲”乃是处世情怀，取原诗“旁人不识予心乐”的言外之意。梁章钜还将下联“将谓偷闲学少年”刻成了一方闲章。刻章之人正是当时扬州名家吴熙载（让之）。“吴让之年谱记载壬寅前后数年都在扬淮做幕僚，梁茝林在扬州期间拜会了阮元、黄右原、罗茗香等扬淮名士，固然不缺诗酒与故事。吴让之能为梁公刻联句，实属荣幸，亦说明让之盛名；此章边款‘未免有心取势’应是多年后再遇此印时所刻。”（《吴让之篆刻赏析100例》）梁章钜《浪迹丛谈·卷十一》有《留别邗上诸同人，成七律一首索和》诗云“竹西名士趋吟席（谓罗茗香、吴熙载……诸君子）”，可知其与吴熙载确有一段交往。

温州郡署戏彩亭

舞彩又成亭，故事远惭清献德；

逢场凭作戏，正声合补广微诗。

【注释】

舞彩：指宋人赵屼建戏彩堂一事。“《温州府志·职官门》有通判赵屼，《古迹门》载戏彩堂，引《方舆胜览》云：‘在倅厅，通判赵屼迎其父清献公抃就养，因名。’苏子由有《寄题戏彩堂诗》云。”（梁章钜《浪迹续谈·卷二》）

清献：赵抃，赵屼之父。“茝林前辈就养东瓯，与赵清献公事相类。”（梁章钜《浪迹三谈·卷四》援引赵蓉舫跋）

逢场凭作戏：“戏彩亭仿戏彩堂而作，不过为岁时觞咏之所”“自戏彩亭成后，至此始连日演剧。但知及时行乐，遑问此后何如”（梁章钜《浪迹三谈·卷四》），联中亦引申人生如戏之意。

正声：雅正诗篇。“正声感人，而顺气应之。”（《荀子·乐论》）

广微诗：“晋代元城人束皙，字广微，博学多闻，善为文辞。因《诗经·小雅》中有笙诗六篇‘有其声而亡其辞’，乃补作《南陔》《白华》等篇，称《补亡诗》。补诗刻意模拟古人口气，或褒之为得风雅‘正声’，今人则贬为‘毫无生气’。因这些补诗只是束广微先生之臆补，故以逢场作戏相比譬。”（胡毅雄《清十大名家对联集·梁章钜联集》）

【解析】

联见梁章钜《浪迹续谈·卷六》：“温州郡署，寓眷属于三堂，庭院极宽敞，相宅者皆嫌其不聚气，必于前廊构一亭子，以收束之，且可藉为岁时演剧之所。恭儿题亭扁曰‘戏彩’，跋云：‘宋温州通判赵屼，迎养其父清献公于倅厅，构戏彩堂，当时传为盛事，东坡、颍滨皆有诗（已详第二卷）。今资政公亦就养郡斋，而兹亭适成，因以名之。’并请余撰为楹联，余亦即用此事题柱云：‘舞彩又成亭，故事远惭清献德；逢场凭作戏，正声合补广微诗。’时次儿丁辰由内阁请假南来省视，亦于亭角附题一联云：‘胜地许循陔，成兹乐事；齐心殷舞彩，让尔先声。’跋云：‘敬叔弟属撰亭联，因答其意付之。’亦可谓一时佳话矣。”又见梁恭辰《楹联四话·卷一》。

宋之戏彩堂的背后为儿子孝顺父亲的故事，且有苏轼、苏洵兄弟题诗助兴，其旧址恰在温州，故而当梁章钜随三子梁恭辰寓居温州郡署时，联想这些故事，也觉得是一段巧合。尽管他谦虚地说，“迎养事固相类，然如赵清献公之清风亮节，已未易攀跻，更安得有眉山兄弟之诗，足以张其事，以传诸永久哉”（梁章钜《浪迹续谈·卷二》），但从中依然能感受到他随遇而安、膝下承欢之乐。他也不忘题诗“偶然亭名戏彩，谁信此事非虚。但知及时行乐，遑问此后何如”（梁章钜《浪迹三谈·卷四》），并邀请当时名流唱和，后来还编印《戏彩亭唱和集》一册，亦是效仿前人，将此佳话传世。如著名学者阮元在为此集作序时就说，“一时歌咏之欢，宾朋之盛，浙东人士播为美谈”（阮元《戏彩亭诗事序》，见梁章钜《浪迹三谈·卷四》）。

此联名为“戏彩”，是娱亲之典，因是梁章钜应儿子之邀题写，涉及己身，口吻上自然要谦逊几分，并略带自嘲，兼及低调处世之意，又显闲居散淡之态。但总体上，对于这个老之将至的迎养之处，他是认可的。据林则徐所撰墓志铭，写完此联后不过一年，“道光二十九年夏六月，长乐梁公卒于浙江温州官署”，梁章钜在这里度过了自己的最后两年时光，于此安详离世。

杂缀

汉碑集联

其一

兰石之姿，清少之行；（鲁峻碑）

珪璋其质，芳丽其华。（熹平残碑）

【注释】

鲁峻碑：刊刻于东汉熹平二年（173年），全称“汉故司隶校尉忠惠父鲁君碑”，又称“司隶校尉鲁峻碑”，隶书，无撰书人姓名，现藏于山东济宁市博物馆。

熹平残碑：刊刻于东汉熹平二年，清乾隆五十八年（1793年），黄易访碑于曲阜，阮元移置于孔庙，现存于汉魏碑刻陈列馆。隶书，阴刻，残文中可见“熹平二年十一月卒”，当为墓碑，墓主不详。梁章钜《退庵诗存·卷十七》有《汉石经残字册》诗云：“熹平石经小八分，此字径围殊所闻……北平昔诧太邱册（翁覃溪师所见陈伯恭本即此），墨缘忽到藤花轩。”

其二

蹈规履信，立德隆礼；（范式碑）

根道核艺，抱淑守真。（景君碑）

【注释】

范式碑：刊刻于曹魏时期，全称“故庐江太守范府君之碑”，又称“庐江太守范式碑”，隶书，无撰书人姓名，现藏于山东济宁市博物馆。

景君碑：刊刻于东汉时期，全称“汉故益州太守北海相景君铭”，又称“北海相景君碑”“景君铭”等，隶书，无撰书人姓名，现藏于山东济宁市博物馆。

其三

佐时理物，天与厥福；（夏承碑、韩敕碑）

含和履仁，帝赖其勋。（夏承碑、孔宙碑）

【注释】

夏承碑：刊刻于东汉建宁三年（170年），全称“汉北海淳于长夏君碑”，又称“淳于长夏承碑”等，隶书，无撰书人姓名，原石已佚，现有明代重刻碑存于河北邯郸永年区清晖书院。

韩敕碑：世称“礼器碑”，刊刻于东汉永寿二年（156年），又称“韩明府孔子庙碑”等，隶书，无撰书人姓名，现存于山东曲阜汉魏碑刻陈列馆。梁章钜《退庵金石书画跋·卷第二》：“王虚舟喜讲汉碑，于《韩敕碑》考究尤详，而殊多谬误……此拓本得于京师琉璃厂肆，墨光如漆，神采焕然。”

孔宙碑：刊刻于东汉延熹七年（164年），全称“有汉泰山都尉孔君之碑”，又称“泰山都尉孔宙碑”等，隶书，无撰书人姓名，现存于山东曲阜汉魏碑刻陈列馆。梁章钜《退庵金石书画跋·卷第二》：“余初学隶书，先叔父九山公既授以是碑，彼时不知为旧拓本也。”

其四

德惠旁流，罔芳远布；（刘熊碑）

雅度宏绰，广学甄微。（鲁峻碑）

【注释】

刘熊碑：东汉刻碑，全称“汉酸枣令刘熊碑”，又称“酸枣令刘孟阳碑”，隶书，无撰书人姓名，碑阴残石现存于河南省延津县文化馆。

其五

敦诗悦礼，藐然高厉；（耿勋碑、鲁峻碑）

琢质绣章，耀此声香。（校官碑、衡方碑）

【注释】

耿勋碑：刊刻于东汉熹平三年（174年），摩崖石刻，全称“汉武都太守耿君表”，又称“天井山摩崖”“耿勋表”等，隶书，无撰书人姓名，现位于甘肃陇南成县天成山栈道中。

校官碑：刊刻于东汉光和四年（181年），全称“校官之碑”，又称“潘乾碑”“校官潘乾碑”“固城校官碑”等，隶书，无撰书人姓名，现藏于南京博物院。梁章钜《退庵金石书画跋·卷第二》：“校官碑今在溧水县学……余斋得此碑纸颇多，而楮墨皆漫漶，此赵毂士所手黏之本，较为清朗，故录之。”

衡方碑：刊刻于东汉建宁元年（168年），全称“汉故卫尉卿衡府君之碑”，隶书，一般认为书丹者是朱登，现藏于山东省泰安市岱庙碑廊。梁章钜《退庵金石书画跋·卷第二》：“衡方碑结体最方整，实开有唐颜平原之先声。”

其六

绍圣作儒，贡登王室；（孔宙碑）

钩河摘洛，象与天谟。（史晨碑）

【注释】

史晨碑：刊刻于东汉建宁二年（169年），又称“史晨前后碑”，隶书，无撰书人姓名，现存于山东曲阜汉魏碑刻陈列馆。梁章钜《退庵金石书画跋·卷第二》：“史晨奏铭及后碑，皆为后人重植……此黄小宋郡丞易旧藏精拓本，持赠余先叔父九山公，公复转以畀余。”

其七

学为儒宗，行为士表；（鲁峻碑）

冠乎群彦，简乎圣心。（郑固碑）

【注释】

郑固碑：刊刻于东汉延熹元年（159年），全称“汉故郎中郑君之碑”，又称“郎中郑固碑”等，隶书，无撰书人姓名，现存于山东济宁市博物馆。

其八

声无细闻，虽远犹近；（张迁碑）

劳而不伐，有实若虚。（孔彪碑）

【注释】

张迁碑：刊刻于东汉中平三年（186年），全称“汉故穀城长荡阴令张君表颂”，又名“张迁表颂”，隶书，无撰书人姓名，孙兴刻立，明代初年出土，现存于山东泰安市岱庙碑廊。梁章钜《退庵金石书画跋·卷第二》：“张迁碑为欧阳、赵、洪诸家所未见，顾亭林据《山东通志》谓近人掘地得之，疑为好事者得古本而摹刻之，故文多讹谬。”

孔彪碑：刊刻于东汉建宁四年（171年），全称“汉故博陵太守孔府君碑”，又称“孔彪碑”“汉博陵太守孔彪碑”等，隶书，无撰书人姓名，现存于山东曲阜汉魏碑刻陈列馆。

其九

纯和之德，仁义之操；（鲁峻碑）

孝弟于家，忠謇于朝。（衡方碑）

其一〇

含和履仁，天与厥福；（夏承碑、韩敕碑）

发号施宪，民说无疆。（孔彪碑、华山碑）

【注释】

华山碑：刊刻于东汉延熹八年（165年），全称“西岳华山庙碑”，是汉碑隶书成熟时期的代表作之一，原在陕西华阴县（今华阴市）西岳庙中，明嘉靖三十四年（1555年）毁于地震。据梁章钜所言，当时存世拓本只有三件，其中一件即为他所拥有，喜得此碑拓后，他还赋诗一首以为纪念：“华山矗三峰，万古青不磨。华庙碑一片，久矣难摩挲。我昨登山复谒庙，眼底尽作云烟过。”（梁章钜《退庵诗存·卷二十五》）

其一一

含和履仁，永享年寿；（夏承碑、孔宙碑）

应期作弼，入参文昌。（仓颉碑、韩敕碑）

【注释】

仓颉碑：刊刻于东汉延熹五年（162年），世称“仓颉庙碑”，又称“仓颉冢碑”等，隶书，无撰书人姓名，原立于陕西省渭南市白水县史官镇的仓颉庙内，现存于西安碑林博物馆。

其一二

下民康济，顺如流水；（尹宙碑、孔彪碑）

群公宪章，穆若清风。（衡方碑、鲁峻碑）

【注释】

尹宙碑：刊刻于东汉熹平六年（177年），又称“豫州从事尹宙碑”等，隶书，无撰书人姓名，现存于河南鄢陵县初级中学。

其一三

温然而恭，慨然而义；（娄寿碑）

忠以自勗，清以自修。（郑固碑）

【注释】

娄寿碑：刊刻于东汉熹平三年（174年），又名“玄儒娄先生碑”，隶书，“风格近《史晨》《华山》一路，为比较规正婉丽的汉隶”（费声骞《古代碑帖鉴赏》）。

【解析】

联见梁章钜《楹联丛话·卷十一》：“汉碑句皆质重，蔚然古香。余斋所藏颇多，因偶集为楹联云……”

巧对其一

铜盆；

玉爵。

桑叶洗眼；

杏花插头/柳汁染衣。

日夜分；

风云会。

清明时节雨纷纷；

歌管楼台声细细。

牡丹花富贵；

松柏树长春/枫树气萧森。

【解析】

联见梁章钜《巧对录·卷之八》："余养疴浦城，喜课幼孙属对，以为消遣。时佳孙十二岁，俦孙甫九岁。一日，晨起盥洗，偶以'铜盆'命对，佳孙应声曰'玉爵'。又以'桑叶洗眼'命对，俦孙应曰'杏花插头'，佳孙曰'柳汁染衣'。值春分日，以'日夜分'命对，佳孙曰'风云会'。余每笑其喜学大言也。又值听雨夜坐，以'清明时节雨纷纷'命对，两孙俱有窘状，其母杨氏饬之曰：'此《千家诗》中语，何不即以《千家诗》集句对云'歌管楼台声细细'乎？'余为之輾然。又一日，以'牡丹花富贵'命对，俦孙曰'松柏树长春'。佳孙尚未能对，适归祝门长女在侧，曰：'顷闻汝读杜老《秋兴》诗，何不云'枫树气萧森'乎？'此等虽不得为巧对，而童稚天机，闺闱韵事，不忍过而辄忘也。因附记于卷末云。"

梁章钜《归田琐记·卷六》记载："余流寓浦城，次儿、三儿、五儿及长女、三女，悉比户而居，内外孙十余人，皆不过十岁上下，塾师延至四五人。"在这一大家族中，文风兴盛，常以诗歌相互切磋，此番与孙辈及儿媳的对句，便是常有之事。文中所提佳孙、俦孙，即梁章钜之孙梁佳年，时年十二岁；梁俦年，时年九岁。其母杨氏，即梁章钜三子梁恭辰之妻杨渼皋，字婉蕙，曾与梁章钜两个女儿一起学诗，“舟车侍游之余，复随题有作，数年间积至百数十首”（梁章钜《闽川闺秀诗话·卷三》）。归祝门长女，即梁章钜长女梁兰省，“字筠如，幼聪慧，随余（梁章钜）宦游南北，濡染见闻，于书史亦靡不宣究”（梁章钜《闽川闺秀诗话·卷三》）。梁章钜特别注重对女眷的诗文培养，他时常与她们诗文唱和，还时常开明地带着女儿、儿媳参加诗会等文人雅集，他曾以家乡闺阁诗人为题材，写过一部《闽川闺秀诗话》，其母亲、夫人、女儿、儿媳及旁亲能诗者，录入多人。

巧对其二

谦谦君子；

穆穆文王。

【解析】

联见梁章钜《巧对录·卷之六》：“嘉庆中，余在礼部，有同官二人，一为罗静贮志谦，一为唐修庭业谦，皆楚南人，同人每合称为‘谦谦君子’。时大宗伯为穆克登额公，少宗伯为今阁老穆鹤舫彰阿、文远皋宁、王莲府宗诚三先生。凡公牍中列衔平写‘穆穆文王’四字，余谓此可与‘谦谦君子’作对矣。”

梁章钜《称谓录·卷十六》记载“宗伯，掌邦礼”，又梁章钜《南省公余录·卷一》记载“礼官皆以宗为名，示尊神也”，可知文中大宗伯、少宗伯即指礼部正副长官礼部尚书和礼部侍郎。联中所引两句，出自《易经》与《诗经》，即“谦谦君子，卑以自牧也”（《易·谦》），“穆穆文王，于缉熙敬止”（《诗经·大雅》）。古时署名，都是从上到下、从右至左书写，故梁氏文中提到的礼部四位大臣，按照职位高低一起列名，从右至左读来，首字便是“穆穆文王”，与古诗如出一辙，十分巧合。

又见梁章钜《南省公余录·卷七》，称此巧对系罗静贮“大笑告余曰”，《南省公余录》《巧对录》两书前后记载略有不同，此巧对到底是否为梁氏自对，已不得知，姑且录此。

巧对其三

胸中乌黑嘴明白；

腰际鹅黄顶暗蓝。

【解析】

联见梁章钜《浪迹丛谈·卷七·巧对补录》：“余同年果益亭将军由四品宗室入翰林，自言四品宗室中，有胸中甚不了了而口才颇佳者，或嘲之曰：‘胸中乌黑嘴明白’。余为代对曰：‘腰际鹅黄顶暗蓝’。以鹅黄对乌黑，暗蓝对明白，皆极灵活，众为解颐。近年有因英夷之扰捐输得花翎者，或嘲以楹联云：‘头上有情飘翠羽；胸中无策退红毛。’语含讥讽，亦巧不可阶也。”

果益亭，即果齐斯欢，字友三，一字益亭，清满洲镶蓝旗人，清宗室。嘉庆七年（1802年）进士，历广州将军、福州将军、绥远将军、黑龙江将军等。见徐珂《清稗类钞·服饰类》，对清朝宗室服饰有专门记载，“奉恩将军朝冠，顶镂花金座，中饰小蓝宝石一，上衔青金石。补服，前后绣虎，惟衣裾四启。带用金黄色，凡宗室皆如之”，可知鹅黄、暗蓝为宗室、将军服饰，皆有所指，“众为解颐”之际，亦见其工巧。

巧对其四

壬癸席；

甲乙膏。

【解析】

联见梁章钜《巧对录·卷之三》：“《云仙杂记》云：申王谓猪既供餐，不宜处于秽地，乃以毡毹粟粥待之。取其毛刷净，令巧工织‘壬癸席’，滑而且凉。又蜀人二月好以豉杂黄牛肉为‘甲乙膏’，非尊亲厚知不得预食，其家小儿三年一享。‘壬癸席；甲乙膏’正好作对。”

见冯贽《云仙杂记·卷六》："壬癸席。申王谓猪既供餐，不宜处于秽处，乃以毡毚粟粥待之，取其毛刷净，令巧工织壬癸席，滑而且凉（《河东备录》）。"又《云仙杂记·卷七》："甲乙膏。蜀人二月好以豉杂黄牛肉为甲乙膏，非尊亲厚知不得而预，其家小儿三年一享（《浣花旅地志》）。"乃知梁氏系将二篇目集对，后两句经查证，是梁氏自撰，并非转述他书。

北京福州会馆

其一

海峤星从天上聚；

长安春占日南多。

【注释】

海峤：海边山岭，代指福州。"长安月，离离出海峤。"（何景明《明月篇》）

日南："谁怜散花萼，独赴日南春"（宋之问《留别之望舍弟》），福州会馆在京城宣南，亦有其意。

其二

浴海烟开鳌背月；

看花人步凤城霞。

【注释】

鳌背：指大海。"烟开鳌背千寻碧，日浴鲸波万顷金。"（刘禹锡《送源中丞充新罗册立使》）

凤城：京都之美称。"步檐倚杖看牛斗，银汉遥应接凤城。"（杜甫《夜》）

其三

凤窟麟洲通御气；

黄蕉丹荔忆乡风。

【注释】

凤窟麟洲：以喻京城。“啐啄丹山之凤窟，游跃桃华之龙津”（释正觉《禅人并化主写真求赞·其一百二十一》）；“还往麟洲上，时听凤凰箫”（崔仲方《小山诗》）。

黄蕉丹荔：泛指闽南风物。“一年正好榕阴密，丹荔黄蕉奉版舆。”（陈傅良《送朱同之福州户掾》）

其四

冠盖仍循乡饮序；

笙歌先醉社公觞。

【注释】

冠盖：以喻仕宦。“冠盖纵横至，车骑四方来。”（鲍照《代放歌行》）

乡饮：乡饮酒礼，古代嘉礼之一。“春秋乡饮，选用明经，郡中向慕之。”（《后汉书·李忠传》）

社公：旧谓土地神。“今人谓社神为社公。”（孔颖达《礼记·郊特牲注》）

其五

室因新拓来今雨；

人比分躔聚德星。

【注释】

今雨：以喻新交之友。“秋，杜子卧病长安旅次，多雨生鱼，青苔及榻，常时车马之客，旧雨来，今雨不来。”（杜甫《秋述》）

分躔：星辰运转。“长旗扫月窟，凤迹辗星躔。”（梁武帝《阊阖篇》）

德星：以喻贤人。“全蜀多名士，严家聚德星。”（杜甫《行次盐亭县聊题四韵奉简严遂州蓬州两使君咨议诸昆季》）

其六

朱樱红杏开新宴；

丹荔黄橙话故乡。

【注释】

丹荔：“荔枝俗称丹荔，被誉为百果之王，是福州名果之一。”（林山《联话福州》）

黄橙：“况当风物一年好，盘荐黄橙并绿橘”（陈文蔚《丁丑老人生旦》）；“福橘为我国橘类中上品”（林山《联话福州》）。

其七

三山佳气瞻鳌背；

九陌香尘驻马蹄。

【注释】

三山：见“福州东园百一峰阁”联。

九陌：长安城中的九条大道，后代指京城。“三条九陌丽城隈，万户千门平旦开。”（骆宾王《帝京篇》）

其八

看花却趁春三月；

视草同依尺五天。

【注释】

视草：奉旨起诏之意。“视草词臣直玉堂，对来新赐锦袍香”（和凝《宫词百首·其六十七》）。

尺五天：以喻近于帝王，京畿之地。“紫禁彤庭尺五天，沉沉碧绮锁秋烟。”（王恽《直中书省》）

其九

家园鱼笋评乡味；

人海莺花洽古春。

【注释】

古春：春天之古称，“古春年年在，闲绿摇暖云”（李贺《兰香神女庙》）。

其一〇

珂里云开三岛丽；

金壶花发九衢春。

【注释】

珂里：对他人故里之美称。

三岛：蓬莱、方丈、瀛洲三仙山，泛指仙境，此指闽海风光。

九衢：帝都繁华大道。“归来甲第拱皇居，朱门峨峨临九衢。”（韦应物《长安道》）

其一一

竹箭声华当代选；
梅花消息故人来。

【注释】

竹箭：指细竹。“乡山西北愁，竹箭东南美。”（高适《宋中送族侄式颜》）

梅花消息：代指春讯。“梅花漏泄春消息。柳丝长，草芽碧。不觉星霜鬓边白。念时光堪惜。”（晏殊《滴滴金》）

其一二

佳日春秋来鹤盖；
深宵吟诵似鳌峰。

【注释】

鹤盖：形如飞鹤的车盖。“盖如飞鹤，马如游鱼。”（刘桢《鲁都赋》）

鳌峰：本指翰林院，此处以喻福州士子曾就读之鳌峰书院。“林则徐还在书院（鳌峰书院）中结识了同学梁章钜、廖鸿荃等人，获得了互相切磋之益。”（来新夏《林则徐年谱长编》）

其一三

同人于门，群贤毕至；

适子之馆，吉事有祥。

【解析】

此联为集句联，上联集自《周易集注》《兰亭集序》，下联集自《诗经·郑风》《周易集注》。

联见梁章钜《楹联丛话·卷五》："余于嘉庆丙子，与同郡诸君子又创构福州新馆，在虎坊桥之东，规制愈宽，人文愈盛。同郡诸君子合撰楹帖，益蔚为巨观。今录其佳者如左……"

以上诸联为梁章钜"同郡诸君子合撰"，暂难分彼此，姑全录于兹。这组联善于用典，虽文字不长，但字词皆有出处，是福州举子们才华的显露。联语在赞颂京畿繁华的同时，尽显福州游子们对家乡的赞美，字字流露桑梓之情，有节日的色彩，更多的是思乡的情怀。

据朱一新《京师坊巷志稿·之二》，北京福州会馆在宣武门街东、虎坊桥街北，为林则徐、梁章钜等福建籍人士于嘉庆二十一年（1816年）筹建。梁章钜在京师时常与乡人在此集会，并加入宣南诗社这个赫赫有名的文人团体。"宣南诗社是嘉庆年间南方出身的小京官组织的一个文学小团体。它的前身是朱珔、吴椿、洪占铨、夏修恕、陶澍、顾莼于一八〇四年组织的消寒诗会……基本上是同科进士之间的文酒酬唱……从一八一四年至一八二〇年间，先后加入诗社的，还有刘嗣绾、黄安涛、梁章钜、翁元圻、李彦章、黄蔼联、鲍桂星、周之琦、朱为弼、程恩泽等人。林则徐的加入，可能是出于梁章钜、李彦章的介绍。"（杨国桢《林则徐传》）

北京福州会馆元宵灯联

其一

撒荔须分海东树；

看花都向日南坊。

【注释】

海东：闽南台海一带。“大海东头当晓日，丹山脚下对晴烟。”（《台湾通志》）

日南坊：指福州会馆附近。“宣武门外大街、半截胡同以东，皆属焉。”（朱一新《京师坊巷志稿·卷一》）

其二

百五春归三五月；

九重天散万重花。

【注释】

百五：寒食日，在冬至后一百零五天，故名。“客舍愁经百五春，雨余溪寺绿无尘。”（郑文宝《寒食访僧》）

九重天：天子所在之处。“霏霏春雨九重天，渐暖龙池御柳烟。”（王涯《宫词三十首·其十七》）

其三

玉京风月原无价；

银阙楼台共此春。

【注释】

玉京：帝都。“玉京曾忆旧繁华，万里帝王家。”（《宣和遗事·后集》）

其四

宝烛看龙衔，万户笙歌无禁夜；
香尘随马度，九衢烟月太平人。

【注释】

龙衔、太平人：“花萼楼前雨露新，长安城里太平人。龙衔火树千重焰，鸡踏莲花万树春”（张说《十五日夜御前口号（踏歌词二首）》）。

马度：“合殿生光彩，离宫起烟雾。日落歌吹还，尘飞车马度。”（庾肩吾《赋得横吹曲长安道》）

其五

列树灿银花，璧月珠星，迸作九天丽藻；
首时调玉烛，南油西漆，蔚成五夜祥云。

【注释】

丽藻：“梅杏郁棣之属，繁荣丽藻之饰，华实照烂，言所不能极也。”（潘岳《闲居赋》）

首时：此处指正月。“首，始也；时，四时也。”（何休《公羊传·隐公六年注》）

玉烛：谓四时之气和畅，以喻盛世。“四气和，正光照，此之谓玉烛。”（《尸子·卷上》）

其六

社火忆乡风，海驾鳌山，万盏灯球争买夜；
粉团仍密宴，风和鹤焰，三更春箭正传觞。

【注释】

买夜：“问月赊晴，凭春买夜，明月添香解酒。”（丁默《齐天乐·庚戌元夕都下遇赵立之》）

粉团：为元宵一类的零食。“元宵节……五龙亭看灯火，唱秧歌，跳鲍老，买粉团。”（陈康祺《郎潜纪闻·卷十二》）

鹤焰：烛火，以喻花灯。“宝坊月皎龙灯淡，紫馆风微鹤焰平。”（夏竦《上元应制》）

春箭：春天的漏箭，以喻时光。“金锁通宵启玉京，迟迟春箭入歌声。”（汤显祖《紫钗记·观灯》）

其七

此地笙歌，恰当韦曲城南，去天尺五；
吾侪觞咏，犹是越王台畔，明月三分。

【注释】

韦曲城南：唐代长安城南郊，以喻秀丽胜游之地。“乡里衣冠不乏贤，杜陵韦曲未央前。尔家最近魁三象，时论同归尺五天。”（杜甫《赠韦七赞善》）

其八

碧海无波，总买来箫鼓千场，鱼龙百戏；
金台不夜，看装出琉璃世界，锦绣天街。

【注释】

鱼龙："凤箫声动，玉壶光转，一夜鱼龙舞。"（辛弃疾《青玉案·元夕》）

金台：指古燕都北京。"当成祖建都金台时，即因居民疏密，编为保甲。"（沈榜《宛署杂记·铺行》）

琉璃："看一望琼瑶月色。似万盏琉璃世界。"（曾瑞卿《㑳秀才》）

锦绣："从仙仗，看星河银界，锦绣天街。"（赵仲御《瑶台第一层·上元扈跸》）

【解析】

联见梁章钜《楹联丛话·卷五》："福州会馆，每岁元宵，烟火之盛甲于宣南。盖自国初以来，相承不断，其事最著，为他郡所无。西城官民士女来观者，喧阗街巷，直彻夜分。本馆人则饮燕尽欢，都忘其为他乡异客矣。所制灯联，合前后众手为之，皆流丽可喜，传诵于时。今亦录其佳者……"

福州会馆，见"北京福州会馆"联。以上诸联为梁章钜"同郡诸君子合撰"，暂难分彼此，姑全录于兹。联语中许多华丽辞藻，是福州士子的"炫技之作"，可谓句句皆有出处，用典自然流畅，且典故多来自古人题写上元的诗词，引用其中，可谓切题切景切时切人，妥帖而巧妙。当时寓京福州会馆的，有梁章钜、林则徐、李彦章等人，这几位都在中国楹联史上占有一席之地，以他们为代表，近代以来，福州联坛可谓名家辈出，这从当年在京士子所题会馆及元宵联，即能窥见一二。

外篇

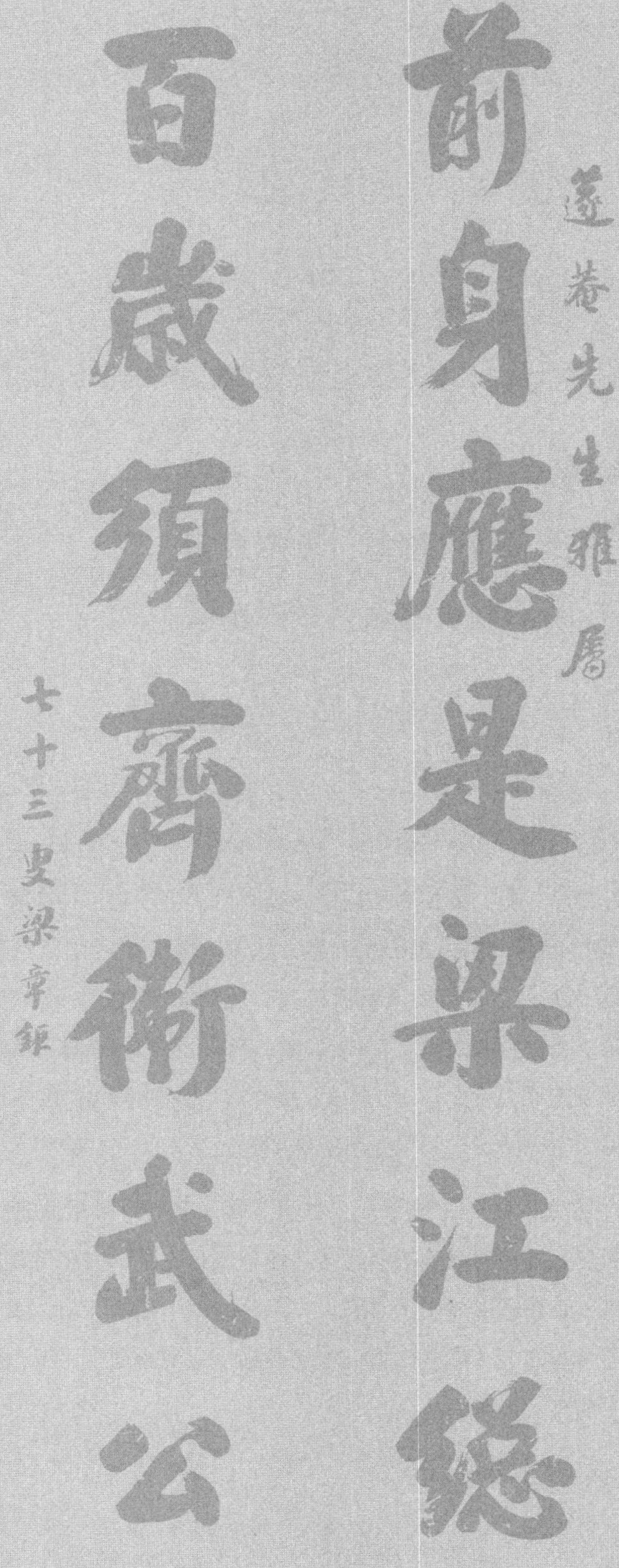

补遗

桂林叠彩山福庭

金碧焕楼台，远眺盘龙，近招白鹤；

烟云生几席，风来北牖，亭对南薰。

【解析】

见金武祥《粟香二笔·卷四》：“还珠洞……又名福真洞，常侍《叠彩山记》八分书在洞口右偏，乃穿洞至山背，豁然开朗，前后苍石嵌岩壁间高处，多如仙佛龛座。洞外覆屋三楹，梁芷庭拈记中‘福庭’二字额之，并有联云：‘金碧焕楼台，远眺盘龙，近招白鹤；烟云生几席，风来北牖，亭对南薰。’又张诗舲联云：‘漓江酒绿招凉去；常侍诗清赏雨来。’此洞北向空阔，诸峰罗列，苍翠万重。漓江绕于东，尤觉空明浩渺。其风自北而来，泠泠习习，暑月为宜。”梁芷邻误为梁芷庭。另见卷前小记：“壬午岁于役岭右，仲秋登程，孟冬返棹，凡三阅月……所闻所见亦时时条记之。”光绪壬午即是光绪八年（1882年）。

见黄涵林《古今楹联名作选萃》、樊明芳等《名胜古迹楹联选》题名“迭彩山中福寺”，彭友元等《对联趣话》题名“桂林叠彩山联”，《对联选》题名“桂林叠彩山中福庭”，龚联寿《中华对联大典》题名“中福亭寺”，俱不切题，若金武祥《粟香二笔·卷四》“梁芷庭拈记中‘福庭’二字额之”无误，则此联应正名为：桂林叠彩山福庭。

甘肃藩署乐寿堂

万色云霞花四照；

一潭水月镜双清。

【解析】

见颜永祯《兰州楹联汇存·元卷》，此联为梁章钜题中山西园（原甘肃藩署）乐寿堂联。原题落款“茝邻梁章钜。道光十五年。甘肃布政使”。见《重修皋兰县志·卷十八》：“若已有园，一名望园，一名鸣鹤园，今名憩园。在藩署后。”张思温《兰州园林旧识》：“西花园与东花园仅隔一街（街今名通渭路），原为清甘肃布政使司花园……园中有渠，可荡扁舟，小桥流水，掩映于榆柳间，俨然图画……南为四照厅，三楹九间，正方形，可为宴饮之所。再南为仁寿堂，转折向西即入藩署四堂矣。”

苏州石狮泾浜供膳义学

设塾定良规，广厦大裘，立达事功随地见；

勤修怀往哲，断齑画粥，孤寒子弟读书多。

【解析】

见顾震涛《吴门表隐》：“供膳义学在齐门外石狮泾浜。道光九年浙江绅士杨于高、周士涟倡建，嵇文烽、杨昕等助之，募资延师，教育贫家子弟。总督陶澍给匾曰：‘韵辅菁莪’。巡抚林则徐给联曰：‘越角吴根，到处孤寒思广厦；虞庠夏校，从来陶淑在初基。’学政朱方增给联曰：‘不为名不为利，且菩提济世之心，克绥寒畯；任说痴任说呆，坚愚叟移山之志，用肇丕基。’布政使梁章钜给匾曰：‘乡校遗风’，联曰：‘设塾定良规，广厦大裘，立达事功随地见；勤修怀往哲，断齑画粥，孤寒子弟读书多。’按察使葆谦给匾曰：‘善与人同’，联曰：‘惠及孤寒，远近均敷儒雅化；功同庠序，弦歌群乐太平春。’知府苏廷五给匾曰：‘嘉惠士林’，联曰：‘作人歌棫朴之章，自越而吴，有教无类；毓秀拔东南之萃，因才择地，主善为师。’郡绅吴云、洪希郑、吴廷琄虘有匾联。杨于高记。”

江阴张许二公祠

孤城屹立，半壁粗完，自昔论功侪郭李；

一日效忠，千秋慕义，此间继起有阎陈。

【解析】

见吴恭亨《悔晦堂对联话·卷三》：“江阴张许二公祠，梁茝邻巡抚联云：‘孤城屹立，半壁粗完，自昔论功侪郭李；一日效忠，千秋慕义，此间继起有阎陈。’按，对紧切江阴，陪客亦系铁铮铮者，故佳。”又见胡君复《古今联语汇选·第二册》：“江阴张许二公祠，梁章钜题联云：‘孤城屹立，半壁粗完，自昔论功侪郭李；一日效忠，千秋慕义，此间继起有阎陈。’按对紧切江阴。”张伯驹《素月楼联语》亦有收录。《分类楹联宝库·十一庙祠类》：“祀张巡、许远，在江阴及潮州。”

赠林则徐其二

帝倚以为股肱耳目；

民望之若父母神明。

【解析】

见胡君复《古今联语汇选·第六册》：“梁茝邻方伯赠林文忠联：‘帝倚以为股肱耳目；民望之若父母神明。’”又见《名联鉴赏词典》《中华对联大典》

《中国楹联鉴赏辞典》《梁章钜楹联辑注》《清代名儒梁章钜述评》。“梁章钜这副赠联，恰到好处地概括了林则徐上有功于国，下有益于民的伟绩丰功……是林则徐这样的民族英雄，才能当得起这样的赞颂；是梁章钜这样的楹联大家，才能写得出这样的华章。”（《名联鉴赏词典·题赠类》）或为文中骈语，姑存之。另见福建师范大学图书馆藏佚名《骈联汇钞》，此联清末时曾刻挂福州林文忠公祠。

赠竹芗其一

诗敲梅下月；

醉卧柳边风。

【解析】

见浙江长乐拍卖2011年秋季“名人书法对联专场”编号115，有梁章钜款洒金红宣纸本题联“诗敲梅下月；醉卧柳边风”，上款“竹芗二兄雅属”，下款“弟梁章钜”，钤印“梁氏长乐”“茝邻”“古瓦砚斋”。单联长142.5厘米，宽34厘米。另见同样墨迹联板，今悬挂于福州黄巷梁章钜故居小黄楼之“藤花吟馆”。然此联是否为梁氏所撰，仍待考证。

“竹芗”或为何竹芗。梁章钜《师友集·卷八》：“山阴何竹芗郡丞。名士祁，嘉庆辛未进士，分发江苏，补元和令，洊升同知。余官苏藩时，三首令皆一时之选，余君同时者，如俞陶泉、王槐午、李石舟，无不飞腾去者。惟君尚滞闲曹，直至辛丑冬，始夤入扬威将军戎幕，随赴浙营，亦不得志而返。此后，则消息不相闻矣。”

佚稿著目四则

曾有挽钱清履联。见梁章钜《楹联三话·卷下》：“挽钱竹西太守清履……竹西为余甲寅同年，又同官楚北。其没也，余亦有联挽之。今不复能举其词矣。”

曾有仙霞岭寺门联。见梁章钜《退庵诗存·卷二十四》有《夜度仙霞岭》诗云："暗中山鬼笑人忙，踏尽危峰夜未央。昏黑不知凌绝顶，忽惊万丈逗霞光（余旧有楹帖在山寺门外，暗中仅辨得'万丈霞光'四字，始知已到岭巅也）。"

曾有集戏牌名巧对。见梁章钜《巧对录·卷之八》："京师同人小饮，每集戏牌名作对偶，以为觞政。兹择其尤工雅者录之，非熟于菊部者不能为也。如'惊丑'（风筝误）对'吓痴'（八义记），'盗甲'（雁翎甲）对'哄丁'（桃花扇），'访素'（红梨记）对'拷红'（西厢记）……忆余在京时，与壬戌同年生消寒小集，亦举此令。"

曾有诗钟。见李春如《如庐诗钟丛话初编》："诗钟……或谓实始清初，为闽人所创，名曰'改诗'……清代工于此者，则有法时帆、铁梅庵、张船山、杨掌生、梁茝邻、郑苏年、萨湘林。而传句者殊寥寥。"

存疑

扬州桃花庵三贤祠堂

其一

四朵兆金瓯，是二千石美谈，不因五色书云，谁识名流皆五马；

万花停玉局，惟六一堂如旧，若溯三贤谥典，合将祠额署三忠。

其二

胜地景芳徽，卅载三贤俱典郡；

同龛昭祀典，两文一献共称忠。

【存疑】

见梁章钜《浪迹丛谈·卷二》：“丙午年，重至邗上，游桃花庵，登三贤祠堂，与黄右原比部、罗茗香茂才商撰楹帖。右原乃杂举《东坡志林》《墨庄漫录》《避暑录》事，为合拟一联云：‘四朵兆金瓯，是二千石美谈，不因五色书云，谁识名流皆五马；万花停玉局，惟六一堂如旧，若溯三贤谥典，合将祠额署三忠。’时罗茗香亦拟一联云：‘胜地景芳徽，卅载三贤俱典郡；同龛昭祀典，两文一献共称忠。’按：韩忠献之守扬，在庆历六年；欧阳文忠则在庆历八年；距苏文忠之元丰守扬，时恰三十余年。此前后两联俱见典雅，非不学人所能办，当不让李兰卿独步于前矣。李兰卿旧联有‘谥并称忠’语，故即其意而衍之。因用前联署余名，以后联署恭儿名，悬之壁间，而疏其缘起于此。越日茗香又拟一联云：‘杨柳拂堤塍，追溯前徽，于宋历仁神两世；桃花遍祠宇，传来美谥，至今合文献三忠。’亦佳制也。”如其所言，此二联或是“合拟”，亦明显为黄右原、罗茗香之代笔，虽署名梁氏，但仍存疑。黄太茂《梁章钜楹联辑注》署名“合拟”。

宜兴东坡书院

山色湖光归一览；

欧公坡老峙千秋。

【存疑】

《江苏对联集成》署名梁章钜题“江阴东坡书院”联。又见《无锡对联集成》所据《阳羡古城揽胜》，署名梁章钜题“宜兴东坡书院”联。此联由今人书丹，现悬挂于东坡书院湖山拱秀厅，上款“清梁章钜联”。宜兴《蜀山东坡书院讲解词》写道：“两边的对联‘山色湖光归一览，欧公坡老峙千秋’是范保文（南京师范大学教授）根据清代文人、道光年间江苏巡抚兼两江总督梁章钜歌咏欧阳修与苏东坡所写的诗联。”另见高扬《中国对联演义·第二十回》：“为扬州盐商汪鲁门之子汪国桢原撰。”此联在扬州平山堂，为近人汪国桢所题。再未见可靠出处，姑且存疑。

贺王懿修八十寿

官分两座，座中以座主为尊；

宾列四门，门下之门生叠至。

【存疑】

《名人名家名联》署名梁章钜“题王春圃八十寿诞”联。实乃梁章钜为其所撰《寿序》中的两句骈语，《楹联丛话》曾摘出强调，但是否摘出为联，暂且存疑。见梁章钜《楹联丛话·卷九》：“是年适为王春圃先生八十寿辰，合署称觞，属章钜为俪体序文，中有‘官分两座，座中以座主为尊；宾列四门，门下之门生叠至’句，时春圃哲嗣莲甫先生亦继为少宗伯，每对同官亟诵之。”又见梁章钜《南省公余录·卷七》。

挽郭文汇

其一

寅谊托苔岑，持平远比于公狱；

法星沉桂管，遗爱应刊有道碑。

其二

来去有前因，遗范难忘联襼日；

宽严能并济，新恩惜在盖棺时。

【存疑】

见梁章钜《楹联续话·卷之三》：“郭韵泉文汇薨于粤西臬任，先十日，已擢方伯，韵泉不及见也。其易箦日时，悉与诞辰相合。余初嘱余小霞代制一联云：‘寅谊托苔岑，持平远比于公狱（汉郭宏治狱平允，人比东海于公）；法星沉桂管，遗爱应刊有道碑。’下二语皆切其姓也。后数日而部行新命始至，复令改制一联云：‘来去有前因，遗范难忘联襼日；宽严能并济，新恩惜在盖棺时。’则面面皆到矣。”原文明确第一副为“嘱余小霞代制”，第二副为“复令改制”，并非梁氏原创。然改动是否输入已见，不得而知，姑且存疑。胡毅雄《清十大名家对联集·梁章钜联集》署名“梁章钜联”。另吴匀《应酬对联大全》亦署名“余小霞撰”。

赠小农

琴心妙清远；

谷性多温纯。

【存疑】

楷书。上款“小农二兄雅属”，下款“茝林梁章钜”。见汪文娟《历代名人楹联墨迹》。《名人名家名联》《北京对联集成》《梁章钜楹联辑注》署名梁章钜“赠友”联，然考证诸书，未见出处。另见伊秉绶曾书写此联，而梁、伊友善，亦难分出处。姑且存疑。胡毅雄《清十大名家对联集·梁章钜联集》以为赠严小农之作。严小农即严烺，字小农，浙江仁和人，官河道总督等，曾与梁章钜相交。

七十自寿

卅年仕宦跻通显；

九等人才愧下中。

【存疑】

见黄太茂《梁章钜楹联辑注》题名“归田后七十自寿联”，注释“此为梁章钜归田后，自作七十寿联”。然梁氏《归田琐记》等均无记载，出处不明，暂且存疑。

联墨十一副

其一

千章老树；

万卷藏书。

【存疑】

行书。落款“梁章钜”。出处不明，暂存疑。

其二

宅道炳星纬；

委怀在琴书。

【存疑】

见汪文娟《历代名人楹联墨迹》。隶书。上款“书为絅斋四兄年丈正”，下款“弟梁章钜”。胡毅雄《清十大名家对联集·梁章钜联集》以为赠王煜联。“王煜，字絅斋，安徽滁州人，道光二年进士，选庶吉士，散馆，授编修，道光八年任云南学政，官至国子监祭酒。”（胡毅雄《清十大名家对联集·梁章钜联集》）出处不明，暂存疑。

其三

读书不求甚解；

弹琴聊以自娱。

【存疑】

楷书。落款“梁章钜”。此联为古文句改字集句。上联出自陶潜《五柳先生传》：“好读书，不求甚解。”下联出自《宋书·乐志四》：“弹琴鼓瑟，聊以自娱。”出处不明，暂存疑。

其四

静坐读书各半日；

光风霁月无一尘。

【存疑】

楷书。上款“弼夫二兄大人正”，下款“弟梁章钜”。福建博物院藏。另见林则徐联墨：“静坐读书，各得半日；清风明月，不用一钱。”出处不明，暂存疑。

其五

云垂九天作玉叶；

河润千里生荣光。

【存疑】

楷书。海昌钱镜塘旧藏。上款“吾山仁兄观察大人正”，下款“弟梁章钜”。见荣宝斋上海2013年秋季拍卖会。出处不明，暂存疑。

其六

梅花百本鼻功德；

茅屋三间心太平。

【存疑】

见胡毅雄《清十大名家对联集·梁章钜联集》“遗联二首”其一。另见伊秉绶有隶书联墨：“梅花百树鼻功德；茅屋三间心太平。”出处不明，暂存疑。

其七

高文大册书鸿烈；

冰壶玉衡悬清秋。

【存疑】

行楷。落款“梁章钜”。上联见黄庭坚《思贤》诗：“高文大册书鸿烈，润色论思禁林杰。”下联见杜甫《寄裴施州》诗：“金钟大镛在东序，冰壶玉衡悬清秋。”出处不明，暂存疑。

其八

古称渌水今白纻；

南入龙湫北虎溪。

【存疑】

行楷。现藏温州博物馆。落款“七十三叟梁章钜”，钤印“章钜私信”“梁氏茝林”。疑为梁章钜题雁荡山相关联语。上联见鲍照《代白纻曲》：“古称渌水今白纻。催弦急管为君舞。”下联见杜甫《寄从孙崇简》诗：“嵯峨白帝城东西，南有龙湫北虎溪。”

其九

东箭有�，南金无玷；

碧叶独秀，瑶源自清。

【存疑】

楷书。上款“书为荫堂大兄世讲雅正”，下款“福州七十四叟梁章钜”。上联见《文苑英华·卷四百十八》，为集唐人文章“南圭无玷，东箭有筠”。下联见《汉魏六朝百三家集·卷八十五》，出自江淹《宋故银青光禄大夫孙敻墓铭》：“碧叶独秀，瑶源自清。”出处不明，暂存疑。

其一〇

廉约御情，谨严防意；

和平善性，勤饬持身。

【存疑】

隶书。上款“小崖大兄雅正”，下款“芷邻梁章钜”。见北京翰海2017秋季拍卖会。出处不明，暂存疑。

其一一

小草向荣，羊晖五世；

大椿敷荫，麋寿百龄。

【存疑】

楷书。落款“梁章钜”。所存实物为红纸书之，因为贺寿联。出处不明，暂存疑。

巧对其五

疰夏；

炃春。

【存疑】

见梁章钜《浪迹续谈·卷五》："恭儿于立春日，率属在郡堂上照例鞭春，礼成后忽一声炮响，不知其故。询之属吏，乃知温俗于春至时大户院落及小户门首，皆预折樟树一小枝，带叶烧之，并有俚俗咒语，名之曰'炃春'。按《集韵》：'炃，音谈，燎也。'瑞安洪守一重辑《俗字编》，谓温人于立春日焚樟叶曰'炃春'。孙雨人云：温州土语，凡小儿退热谓之'疰夏'，杭州人谓自立夏多疾者为'疰夏'，其义各别，然恰与'炃春'二字成一妙对也。"从行文看，暂难分最后一句系梁氏或孙雨人语。又见梁恭辰《巧对续录·卷下》，所引基本类似，结尾则云："忆杭州人谓交夏多疾者为'疰夏'，他省亦有此语，恰与温州之'炃春'二字成一妙对。按：此节《浪迹丛谈》曾及之。"由此可见，孙雨人只是告之"疰夏"，其集为对者，大体可判为梁氏。

辨误

广西节署铜鼓亭

全以山川为眼界；

故应宾主尽诗人。

【辨误】

《中国对联集成》《中国楹联与诗词文化》《梁章钜楹联辑注》载为梁章钜所撰，实为梁氏“因忆前人”旧句重书。见梁章钜《楹联丛话·卷十二》：“广西节署之东南隅有铜鼓亭……佥谓宜有联，因忆前人有集山谷、东坡句云：‘全以山川为眼界；故应宾主尽诗人。’若移作此中联语，情景俱合矣。因书而悬之楼楹云。”据胡毅雄《清十大名家对联集·梁章钜联集》，此联为清人莫友芝集句，此时莫友芝尚二十九岁，且在贵州，此联是否为莫氏所撰仍待考证。

桂林独秀峰五咏堂

户外一峰秀；

窗前万木低。

【辨误】

吴恭亨《悔晦堂对联话》署名“梁茝邻题联”，常治国《胜迹名联三百副笺注》等亦署梁章钜所撰，向义《清联三百首》则署“佚名”，刘隆民《龙眠联话》、梁羽生《名联谈趣》署名“余应松集句”。根据《楹联丛话》行文，“又”因与前文衔接，此联应为余应松（小霞）所撰。见梁章钜《楹联丛话·卷七》：“独秀峰下有月牙池，冬夏不涸，峰影皆倒浸其中，邝湛若《赤雅》所谓‘山翠尽落’者也。峰畔有磨崖‘南天一柱’四大字，极雄健，盖用唐人张固‘擎天一柱在南州’诗语。余小霞五咏堂联云：‘异代景前修，想石榻摊书，竹林怀友；新堂还旧观，对半潭秋水，一柱奇峰。’又集孟浩然、张谓句一联云：‘户外一峰秀；窗前万木低。’”

罗浮山酥醪观

万壑烟云浮槛出；

半天松竹拂窗来。

【辨误】

《对联选》署名梁茝林题“增城罗浮山酥醪观”，《名胜古迹楹联选》《中国名胜古迹对联选注》署名梁章钜题“增城罗浮山苏醪观”，孟繁锦《清联三百副》（蓝天版）署名梁章钜“题酥醪观对联”，华超《分类楹联大全·第八编·名胜》及《楹联精华》署名梁章钜“广东罗浮山名人联”。见梁章钜《楹联丛话·卷七》：“罗浮山最深处为酥醪观……黄香石培芳《浮山小志》云……余题为‘浮山集第一楼’，并题联云：‘万壑烟云浮槛出；半天松竹拂窗来。’”实则将“余”误以为梁氏。原见陈铭珪《浮山志·卷一》：“公孙卿言：仙人好楼居，而罗浮山中鲜精构，道人江瀛涛建小楼于酥醪观内，宇虽半椽，殊擅幽胜。楼成，余适至颜曰‘浮山第一楼’，并题句云：‘万壑烟云浮槛出；半天松竹拂窗来。’”

枫岭五显神庙

远看疑画，近看似诗，及至身到其间，又觉诗画都无著手处；

善者敬神，恶者畏鬼，究竟皆非异物，须知神鬼出在自心头。

【辨误】

陈家铨《对联评注》署名梁章钜撰“闽浙边境枫岭五显神庙”联，亦见《中华对联大典》。见梁章钜《楹联丛话·卷四》：“闽浙分疆处为枫岭，景最幽峻。岭巅祀五显神，极著显应，俗皆呼为五显岭。李笠翁云：盘折嵯峨，甲于诸岭，由麓徂巅，愈转愈胜。庙中神鬼诸像毕备，观者生恐怖心，故余为之联云：‘远看疑画，近看似诗，及至身到其间，又觉诗画都无著手处；善者敬神，恶者畏鬼，究竟皆非异物，须知神鬼出在自心头。’”实则将李渔之“余”误以为梁氏。李渔《李渔全集·笠翁一家言文集》即收录此联，不过“远看”作“远观”、“著手”作“着笔”、“皆非”作“都非”。

北京文天祥祠

功在睢阳，昔尚咬牙思啖贼；

荫垂蠡水，今犹挽手欲回澜。

【辨误】

《北京对联集成》《江西对联集成》皆署名梁章钜撰“北京文天祥祠”联。《对联选》载为佚名所题。此联梁氏及相关诸书均未见收录，且梁氏联话两提文天祥祠联亦未谈及，疑为他人所作。

无锡张睢阳庙

抗节济时艰，论当年守御声威，实先郭汾阳李临淮功存庙社；

显忠关世教，考兹土烝尝旧典，当与伍子胥陈武烈气壮湖山。

【辨误】

《梁章钜楹联辑注》《长乐籍文化名人诗文鉴赏》均署名梁章钜撰。见梁章钜《楹联续话·卷之一》：“谢默卿曰：无锡惠山之麓有张睢阳庙，额曰‘显忠’。余莅任时，适邑人修建落成，请为楹帖，因撰句付之云：‘抗节济时艰，论当年守御声威，实先郭汾阳李临淮功存庙社；显忠关世教，考兹土烝尝旧典，当与伍子胥陈武烈气壮湖山。’按：张睢阳、伍子胥及隋司徒陈杲仁，其事皆不在锡山，而县中皆有祠庙，香火甚盛。亦可见忠烈祀典出于秉彝攸好之同矣。”实则引用谢元淮（默卿）之语，此联为谢元淮之作。刘隆民《龙眠联话·卷五》则署名“谢元淮”。

常熟草圣祠

书道入神明，落纸云烟，今古竞传八法；

酒狂称圣草，满堂风雨，岁时宜奠三杯。

【辨误】

《江苏对联集成》《无锡对联集成》署名梁章钜题“张长史祠”联，《素月楼联语》《中华对联大典》《名联鉴赏词典》《历代名人名联鉴赏》《梁章钜楹联辑注》署名梁章钜题“常熟草圣祠联”。见梁章钜《楹联续话·卷之一》：“钱梅溪曰：唐张旭曾为常熟县尉，故县城南有草圣祠。今为文庙土地之神，新立一祠于大成门之右。广文属余书一联一额，余曰：‘联句尚易，额甚难也。’再四思之，总未题就。偶忆韩文公‘优入圣域’四字，因书付之。并撰一联云：‘书道入神明，落纸云烟，今古竞传八法；酒狂称圣草，满堂风雨，岁时宜奠三杯。’或嫌‘三杯’字太涉庙祀套语，余应之曰：杜诗‘张旭三杯草圣传’，岂忘之耶。”从行文看，此联应为钱泳（梅溪）之作，应是将钱氏之“余”误以为梁氏。刘隆民《龙眠联话·卷五》亦署名“钱泳”。肖经尧《读联札记》亦以为：“引号中的‘余’，均钱梅溪自谓，梁章钜是作为局外人转述他的话，不要一见到书中有‘余’字，就误以为梁章钜自指。”

扬州集贤楼

桃花潭水深千尺；

明月扬州第一楼。

【辨误】

黄太茂《梁章钜楹联辑注》署名梁章钜撰，后又补注“暂将此联录入，待考”。见梁章钜《楹联续话·胜迹》，此联为他人所撰：“张伯冶曰：扬州大儒坊董祠之左近有集贤楼，下临城河，形胜绝佳。记得有一集句旧联云：‘桃花潭水深千尺；明月扬州第一楼。’不知《画舫录》何以遗之。”

杭州褚河南祠

庙食褚塘，大节一生垂史册；

魂归阳翟，易名千古表文忠。

【辨误】

黄太茂《梁章钜楹联辑注》署名梁章钜撰，但见《楹联丛话》行文，应为引用严保庸（问樵）之语，将严氏之“余”误以为梁氏。见梁章钜《楹联三话·卷上》：“严问樵云：杭之褚塘有褚河南祠，土人以‘助圣庙’呼之。按：公谥文忠，见《唐会要》。又《唐彦谦集》言：‘褚河南之柩，至咸通中始得蒙恩归葬阳翟。其时以平徐肆赦，赐其孙八品官，扶护以归。’盖文忠赐谥亦在此时，而新旧《唐书》不载，故后人莫考。余作楹帖书之，俾易名大典昭示来兹，云：‘庙食褚塘，大节一生垂史册；魂归阳翟，易名千古表文忠。’”

藤县访苏亭

公是孤臣，明月扁舟留句去；

我为过客，空江一曲向谁弹。

【辨误】

《对联选》《康庐联话》《古今名胜对联选注》《动人两行字》《古今楹联选集》等署名梁章钜题“藤县访苏亭联”，黄涵林《古今楹联名作选萃》署名梁章钜题“访苏楼”。见梁章钜《归田琐记·卷六》：“粤西余小霞州判应松所录寄联话最多……又壬寅罢官，舟过藤县，温心山明府鹏翀初建访苏亭落成，代姚若虚撰联云：‘万里赴琼儋，夜起江心弄明月；一亭抚笠屐，我从画里拜先生’（心山以莒林中丞师所遗苏公《笠屐图》勒石）。又自撰一联云：‘公是孤臣，明月扁舟留句去；我为过客，空江一曲向谁弹。’盖隐括文忠公《藤江五古》诗意也。又代鹤松圃年重建阳朔县书院讲堂一联云：‘文笔耸层霄，爱此间对万壑潆洄，教化由来先党序；书楼崇讲席，愿多士作千秋事业，显扬不仅为科名。’文笔、书楼皆阳朔古迹也。又代曾幼竹明府挽兴静山太守云：‘廿年无此深交，最可感老尚依刘，久而弥笃；一病犹勤官事，更堪伤危将易箦，语不及私。’又代幕友黎白仙云：‘治谱已千秋，是名宦传人，最堪惜正盼迁莺，遽悲化鹤；齐民同一哭，况平生知己，更难忘几番说项，五载依刘。’”联系前后，乃知其身份关系，“又壬寅罢官，舟过藤县……代姚若虚撰……又自撰……又代……又代……又代”，且中间有称“莒林中丞师”“幕友”，前后关系连贯，可见此中所述均为余应松所撰，梁氏乃引用其句。又见清人林宗泽《平冶楼联话》载：“藤县有访苏亭，祀宋苏文忠公笠屐遗像，藤令温心山鹏翀所建也。余小霞州判应松联云：‘公是孤臣，明月扁舟留句去；我为过客，空江一曲向谁弹。’”

桂林七星岩听月亭

白云回望合；

青霭入看无。

【辨误】

《中国对联集成》题名“桂林七星岩听月亭”，署名“梁章钜摘王维诗”，另见网传此为梁章钜所撰，黄太茂《梁章钜楹联辑注》署名梁章钜题“七星岩栖霞寺联”。但见《楹联续话》行文，实则引用闵叙之语。见梁章钜《楹联续话·卷之二·胜迹》：“闵鹤瞿叙《粤述》云：桂林七星岩下有寿佛洞，仅容旋马。内有古寿佛石像，云土人有见老僧者，迹之至此洞，得遗像，遂创为庵。楚僧本符号浑融者建为栖霞寺，起藏经阁，其下为静慧堂，旁为听月亭。余有‘慰贤’二字题石，而集唐句为联云：‘白云回望合；青霭入看无。’”且此联实则为唐人王维《终南山》诗中原句：“白云回望合，青霭入看无。”（《王右丞集笺注·卷之七》）

南浦书院

坐看吴粤两山色；

默契羲文千古心。

【辨误】

网传此为梁章钜所撰，实为南宋真德秀撰句，梁章钜主讲南浦书院时曾书贴此联。见梁章钜《楹联丛话·卷一》：“浦城真西山先生，尝读书邑之粤山，名其斋曰‘学易’，即今南浦书院地也。有春联云：‘坐看吴粤两山色；默契羲文千古心。’见《三才图会》。余尝主南浦讲席，拟为敬录此联，悬之楹柱，而因循未果。附记于此。”

桂林乡试门联

场列东西，两道文光齐射斗；

帘分内外，一毫关节不通风。

【辨误】

黄太茂《梁章钜楹联辑注》记为“梁章钜书写”，实为梁氏监临桂林乡试，录此联于门屏之间。见梁章钜《楹联丛话·卷五》：“吾闽贡院有一联云：‘场列东西，两道文光齐射斗；帘分内外，一毫关节不通风。’江南贡院联亦同此。余监临桂林乡试，亦录此联于门屏之间。或云是黄莘田先生任所制也。”

黄巷旧居联

庭余嘉荫，室有藏书，天下事随处而安，即此是雕梁画栋；

卜得芳邻，居成美境，田舍翁问心已足，漫言应列鼎鸣钟。

【辨误】

《梁章钜楹联辑注》《清代对联》署名梁章钜“自题福建省福州黄巷旧居

（林青圃故宅）”，且句读为：“庭余嘉荫室，有藏书天下，事随处而安，即此是雕梁画栋；卜得芳邻居，成美境田舍，翁问心已足，漫言应列鼎鸣钟。”但见《楹联丛话》，实则引用林青圃之语。见梁章钜《楹联丛话·卷八》：“吾乡林青圃先生历官中外，亮节高风，一宅数亩外，囊橐无余。余黄巷之旧居，即先生故宅也。尝自榜楹柱云：‘庭余嘉荫，室有藏书，天下事随处而安，即此是雕梁画栋；卜得芳邻，居成美境（黄巷又名新美境），田舍翁问心已足，漫言应列鼎鸣钟。’”

北东园亦沧浪馆

入门穿竹径；

留客听山泉。

【辨误】

网传此为梁章钜自题家宅联，实为梁氏用唐寅墨迹。见梁章钜《退庵金石书画跋·卷第八》：“唐子畏以画名，而字亦不俗。在明派中独以腴厚胜，似有台阁气象而斥驰，终其身此理之不可解者。余斋藏其画迹颇多，此楹帖作‘入门穿竹径；留客听山泉’十字，挥洒纵逸，纯以画诀行之。明人书中所鲜遇也。余新葺北东园，门径与此语相肖，因镂板悬于亦沧浪馆中。”此联实为唐诗摘句联，见唐人裴迪《游感化寺昙兴上人山院》诗云：“不远灞陵边，安居向十年。入门穿竹径，留客听山泉。鸟啭深林里，心闲落照前。浮名竟何益，从此愿栖禅。”

贵州驿馆

满眼尽穷黎，奚忍多用一夫，误他举家生活；

两头皆险路，何不缓行几步，积君无限阴功。

【辨误】

刘隆民《龙眠联话续编・卷六》有"广东驿馆——梁章钜题联云……"，实则为梁章钜转录他人题贵州驿馆联。见梁章钜《归田琐记・楹联剩话》："贵州省某驿馆中有一联云：'满眼尽穷黎，奚忍多用一夫，误他举家生活；两头皆险路，何不缓行几步，积君无限阴功。'仁人之言，亦积无限阴功，便是当头棒喝矣。"

乾隆万寿戏台

曲谱四诗，天保九如篇第一；

舞分两向，太平万岁字当中。

【辨误】

《古今联语汇选》有"乾隆八旬万寿，梁章钜拟戏台联：'曲谱四诗，天保九如篇第一；舞分两向，太平万岁字当中。'"黄涵林《古今楹联名作选萃》署名梁章钜题"万寿戏台"。此联实为郑瑞麟作。见梁章钜《楹联续话・卷之一・应制》："郑仁圃太守瑞麟曰：嘉庆己巳，恭祝五旬万寿，福州经坛设在鳌峰书院。余曾拟一联云：'沙数恒河合十，佛称无量寿；潮音大海呼三，声协不周风。'又拟戏台联云：'曲谱四诗，天保九如篇第一；舞分两向，太平万岁字当中。'时院课即以此命题。余此两联曾为游彤卣师录用。"梁氏并在本段末自言："余少时尚见先大夫手录成本，极其壮丽斋皇。"今常江先生《古今联语汇选》校本亦出校注云："作者应为郑仁圃。乾隆八旬时，梁章钜年仅十五岁，尚未中进士。"

贺阮元重宴鹿鸣

丙象著文明，衣钵相传，同赓鹿野；

午科多胜事，箕裘领解，接武蟾宫。

【辨误】

林庆铨《楹联述录·卷六》："仪征太傅重宴鹿鸣，同时有四佳话……梁茝邻中丞贺联极为稳帖，允称老手，句云：'丙象著文明，衣钵相传，同赓鹿野；午科多胜事，箕裘领解，接武蟾宫。'"本见梁章钜《浪迹丛谈·卷七》："罗茗香云：今岁仪征太傅重宴鹿鸣，同时有四佳话。大兴俞恒润为太傅门下士，师生同科重宴，佳话也。浙江嘉庆戊午解元张廷济亦太傅门下士，今科其子庆荣又领解，父子解元，佳话也。两丙午一戊午，同属午科，佳话也。而张、俞皆同出太傅门下，故余偶成一对句云：'丙象著文明，衣钵相传，同赓鹿野；午科多胜事，箕裘领解，接武蟾宫。'亦纪实之言尔。"实为引用罗之语，且此前后几段均是转述罗茗香之句。

书贺长龄联

其一

行不得则反求诸己；

躬自厚而薄责于人。

其二

视履考祥，其旋元吉；

清明在躬，气志如神。

【辨误】

网传此为梁章钜所撰，实为梁氏应约为贺长龄题联书丹。见梁章钜《楹联丛话·卷十一》："余编梓《联话》将竣，适贺耦庚中丞邮信来，以集句两联索书。一七字云：'行不得则反求诸己；躬自厚而薄责于人。'又八字云：'视履考祥，其旋元吉；清明在躬，气志如神。'因附识之。"

书张师诚联

戒之在色，戒之在斗，戒之在得；

职思其居，职思其内，职思其忧。

【辨误】

孙雨航《愧我生庐联话·卷九》记“梁茝林为师张兰渚书撰厅事联”，黄太茂《梁章钜楹联辑注》亦载。此联实为张师诚（兰渚）集句，邀梁章钜书之。见梁章钜《楹联三话·卷下》：“又兰渚师曾手集经语，命章钜以汉隶作楹联，悬于厅事以自警。句云‘戒之在色，戒之在斗，戒之在得；职思其居，职思其内，职思其忧。’章钜书竟，乘间请曰，三戒中惟‘在斗’二字，似与我辈身分不甚亲切。师曰‘斗’之一字，不必定指血气之勇也。我辈既入名场，大凡奔竞之心、倾轧之途，皆斗象也。足下此时屏居州里，自然心平气和。将来一登宦途，切须戒之。而使酒骂座，犹其小焉者矣。余谨识之。”

赠林则徐其三

理事若作真书，绵密无间；

爱民如保赤子，体会入微。

【辨误】

王文濡、王有珩《对联大全·卷二十三》署名梁章钜“赠林少穆”联，实则为程恩泽赠林则徐之联。见梁章钜《楹联丛话·卷十二》：“春海赠林少穆督部联云：‘理事若作真书，绵密无间；爱民如保赤子，体会入微。’少穆最工作小楷，故出联自然关合。次联亦能酷肖其生平。”

赠潘云浦

老苏文学能传子；

小宋才名不让兄。

【辨误】

《古今楹联类纂》署名“梁章钜赠张云浦”，《古今联语汇选》载“钱梅溪《履园丛话》云……潘芝轩尚书未第时……其寿翁云浦先生索梁茝邻中丞楹帖云：‘老苏文学能传子；小宋才名不让兄。’”《中国名联鉴赏》署名“潘云溥向梁章钜索联，梁撰此联以赠”，《南亭联话·卷二》则署名“索某楹帖云”。见梁章钜《楹联续话·卷之三》：“钱梅溪《履园丛话》云……潘芝轩尚书未第时，与其兄树庭中翰，咸为名诸生。其封翁云浦先生索余楹帖，云：‘老苏文学能传子；小宋才名不让兄。’后芝轩中乾隆癸丑状元。树庭颇恶此联，为易去之。亦诗兆也。”此联实则为钱氏之作。亦见钱泳《履园丛话·卷十二》有载，此联为钱泳所撰。

赠竹芗其二

敏则有功公则说；

淡而不厌简而文。

【辨误】

见汪文娟《历代名人楹联墨迹》。楷书。上款“竹芗二兄雅属”，下款“弟梁章钜”。胡毅雄《清十大名家对联集·梁章钜联集》亦以为赠何竹芗，即何士祁之联。此联原为梁章钜少年时，其父梁赞图集《四书》之语。

赠人联

必忘果报能为善；

欲立功名在读书。

【辨误】

黄太茂《梁章钜楹联辑注》记为“梁为人书楹帖，特改六字，书了此联”。此联实为梁章钜引用他人所作，见《楹联续话·卷之二》：“余前编《联话》，敬载先资政公常书楹帖云：‘非关因果方为善；不计科名始读书。’此吾乡习传之语，不知撰自何人，言极切近可守，浑然无弊。后阅亡友顾南雅莼《思无邪斋遗集》一条云：‘尝见陈句山先生所书楹联，作“不关果报方行善；岂为功名始读书”二语，殊未了。古今果报之爽者十有八九，若此念未忘，其阻善机者多矣。至于功名二字，在三不朽之列，正读书人所当念念不忘者，以为立功立名之地，此殆误以科名当之耳。兹为人书楹帖，特改六字云：“必忘果报能为善；欲立功名在读书。”其义乃圆。’云云。其实科名、功名义各有当，未见句山之必误也。”从行文看，梁章钜在最后为陈句山辩解，可见并未认可改联，改联者自不是他，当是顾莼所为。

自题

不作公卿，非无福命都缘懒；

难成仙佛，为爱文章又恋花。

【辨误】

杜召棠《负翁联话·再续》署名“梁章钜有自嘲联”，《梁章钜楹联辑注》《古今联话》《古今作家名联选》等亦署名“梁章钜题联”，实则为梁氏引用袁枚之作。见梁章钜《楹联丛话·卷六》：“袁简斋续《同人集》云……余自嘲云：‘不作公卿，非无福命都缘懒；难成仙佛，为爱文章又恋花。’”

舟联

扬子江头万里浪；

滕王阁下一帆风。

【辨误】

《北京对联集成》署名梁章钜“贺云台巡抚乘船顺风”联，实则为阮元（芸台）自撰。见梁章钜《浪迹丛谈·卷一》：“吾师尝为余述，在江右时，偶以事遣家丁回扬州，恰值风水顺利，朝发南昌，暮抵瓜州，若非红船断不能如此快速也。因制一联悬于舟中云：‘扬子江头万里浪；滕王阁下一帆风。’”

题笔

八法书当称散圣；

五言可计建长城。

【辨误】

网见所谓“梁章钜款翠头象牙笔”，笔杆楷书刻字：“八法书当称散圣；五言可计建长城。”落款“梁章钜”。书刻较粗劣，疑为仿品。另见清人詹斗山款象牙管笔，有刻联：“八法书当称散圣；五言计可建长城。”此所谓梁氏笔联，竟将“计可”倒置，不知所云，更见其拙劣。

联墨七副

其一

砥行碧山石；

结交青松枝。

【辨误】

楷书。上款“博泉学兄属”，下款“七十四叟梁章钜”。此联现在福州梁章钜故居制图展出。原为孟郊《答友人》诗句：“砥行碧山石，结交青松枝。”

其二

不俗即仙骨；

多情真佛心。

【辨误】

楷书。落款“七十四叟梁章钜”。见《随园诗话·补遗卷四》为前人旧句，原作“不俗即仙骨，多情乃佛心”。

其三

惠日朗虚室；

清风怀古人。

【辨误】

楷书。落款“七十四叟梁章钜”。见梁章钜《楹联丛话·卷十一》：“王右军《兰亭序》字，执笔者无不奉为矩型。近人有集字为楹联者，亦自巧思绮合。五言云：……‘惠日朗虚室；清风怀古人’。”

其四

闲看秋水心无事；

静听天和兴自浓。

【辨误】

《梁章钜楹联辑注》及《名人名家名联》署名梁章钜“自题”之联，实为前人集唐诗句。见张伯驹《素月楼联语》：“清嘉道间集句亦盛……其他失名者集句……皇甫冉、刘禹锡句：‘闲看秋水心无事，静听天和兴自浓。’”

其五

前身应是梁江总；

百岁须齐卫武公。

【辨误】

楷书。上款“蘧庵先生雅属”，下款“七十三叟梁章钜”。见梁章钜《楹联续话·卷之四》，原为陈继昌集句联：“余在桂林，习见陈莲史所作楹帖，语多古异，闲询之，始知其暇中辑有五七言旧句三百余联。手写一帙见赠，兹择其尤佳者录之如左……‘前身应是梁江总；百岁须齐卫武公（义山、牧之）。’”

其六

潆洄水抱中和气；

平远山如蕴藉人。

【辨误】

楷书。落款“七十四叟梁章钜”。原句出自陆游《登拟岘台》诗：“萦回水抱中和气，平远山如酝藉人。”

其七

如良金美玉，无施不可；
非精纸佳笔，未尝辄书。

【辨误】

楷书。上款“书似雁汀五兄先生雅鉴”，下款“弟梁章钜书时年七十”。见梁章钜《楹联丛话·卷十一》，原为梁同书集句联：“梁山舟学士所书楹帖多系集句，有抄辑成本者，今录其佳者如左……九言云：‘如良金美玉，无施不可（张说传）；非精墨佳笔，未常辄书（裴行俭传）。’”

巧对其六

一匹天青缎；
六味地黄汤。

【辨误】

林庆铨《楹联述录》记道：“有贩客持天青缎至芷邻中丞家，中丞出对云：‘一匹天青缎。’适有医士在座，对曰：‘六味地黄汤。’”署名梁氏，乃无所依据。见梁章钜《巧对录·卷之六》：“有一医士某自夸工于属对。适游达官之门，方以大缎裁衣，因指缎令对曰：‘一匹天青缎。’某立应曰：‘六味地黄丸。’达官大喜，款之内院。”又见梁章钜《楹联三话·卷下》：“陈见三，苏州人，卖药邗上，以此起家。开有青芝堂药铺，为扬州第一家。买邓侍郎休园为别业。捐同知衔。每遇喜庆宴会，辄著天青褂五品补服，居然以缙绅自命。有轻薄子制一联赠之云：'五品天青褂；六味地黄丸。'按：休园今已易主，余曾饮宴其中。"乃知此为梁章钜转述他人之语。此对句亦见钱泳《履园丛话》。

其他

除以上诸联外，新近所出部分楹联书籍，尤其网传资料，署名"梁章钜"之楹联，张冠李戴者仍不少。然其粗疏之明显，凡查阅《楹联丛话》诸书，皆一目了然，更不值得再细做考证。兹简要例举，以备查阅：

如《北京对联集成》所载较多，所谓署名"梁章钜"题北京延邵郡馆联"荼壁药房，环佩九天来媲婳；蕙蒸兰藉，馨香万里驻连蜷"（一三七页），挽师联"问字感当年，重谒元亭空洒泪；传经珍此地，载瞻绛帐暗摧心"（五五三页），赠人联"神仙官职双凫舄；才子文章五凤楼"（七二七页），赠人联"百里棠阴邻画舫；一江峰影落琴床"（七二七页），贺李申玉夫人生日联"元旦即称觞，鹤算龟龄齐让早；岁朝先试乐，莺歌燕语尽翻新"（七二七页），赠吴绪五联"十年庾亮楼头，曾许登床同玩月；两度陶潜径畔，未能爱菊且栽花"（七二七页），关帝庙戏台联"顾曲小聪明，当日可怜公瑾；挝鼓大豪杰，至今犹骂曹瞒"（九七二页），城隍庙戏台联"善恶报施，莫道竟无前世事；利名争竞，须知终有下场时"（九七二页）。

如陆家骥《对联新语》署名"梁章钜"题扬州平山堂联"几堆江上画图山，繁华自昔，试看奢如大业，令人讪笑，令人悲凉，应有些逸兴雅怀，才领得廿四桥头，箫声月色；一派竹西歌吹路，传诵于今，必须才似庐陵，方可遨游，方可啸咏，切莫把秾花浊酒，便当六一翁后，余韵流风"（四〇六页）。

如张山东《古代廉政对联选注》署名"梁章钜"题白水宰后堂联"丹毫一点，乃吾民利害攸关，须念悖出必将悖入；白日三竿，即尔室公私毕照，莫谓知显不在知微"（一五四页）。

如黄太茂《梁章钜楹联辑注》署名"梁章钜"自题联"读书已过五千卷；此墨足支三十年"（九页），关帝庙联"帝爽有昭明，当朝谥号增崇，奉戴仪同文庙肃；神功无代谢，亘古河山作镇，灵长运过蒋侯奇"（二三页），广州长寿庵联

“红桥映海三更月；石濶通江两度潮”（二五页），书斋联“佳卉移栽如选色；异书借录抵徵歌”“奇书贪录如增产；佳卉分培当树人”（五七页），巧对“梅香春意动；桃叶晚情浓”“十口为田四口方，申出上由下甲；二人成天一人大，未来益夫添丁”（八四页）。

如《中国楹联报》所载联墨“难进易退，易事难说；先劳后禄，后乐先忧”，以及如网传署名“梁章钜”之中药对“白头翁牵牛过常山，遇滑石跌断牛膝；黄发女炙草堆熟地，失防风烧成草乌”，赠姜少司寇联“君家旧事传青史；公望中朝仰白云”，题典肆联“以其所有，易其所无，四境之内，万物皆备于我；或曰取之，或曰无取，三年无改，一介不以与人”，巧对“天上月圆，地下人间月半，月圆偏在月半时；冬令日短，春来夏至日长，日短早为日长地”，等等，出处均清晰可查，再不赘述。至于网传《清十大名家对联集·梁章钜联集》有所谓“贺康有为七十寿”联，更是“关羽战秦琼”，滑稽不堪，不值一提。

杂篇

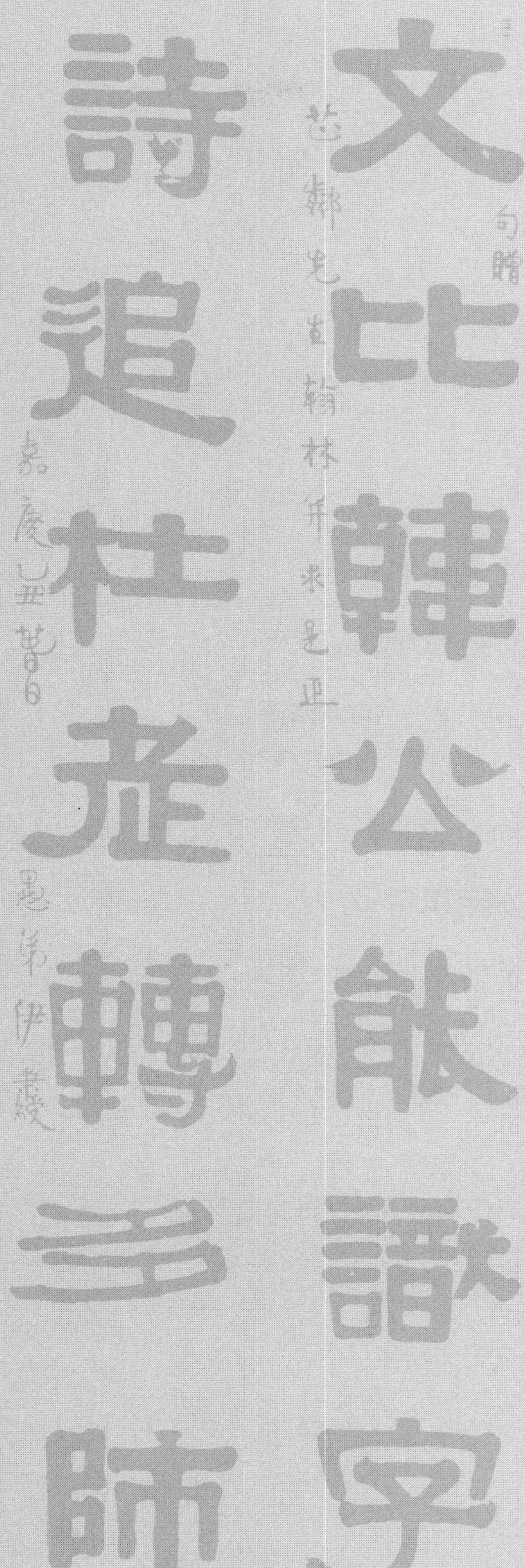

他人赠联

赠梁章钜

但教地踵兰成宅；

何事名争谢傅墩。

陈寿祺撰，见林庆铨《楹联述录》。

赠梁章钜

文比韩公能识字；

诗追杜老转多师。

伊秉绶撰，见存世联墨。上款“句赠芷邻先生翰林并求是正”，下款“嘉庆乙丑春日。愚弟伊秉绶”。

赠梁章钜离任荆州、赴任淮海监司

南中喜得秦淮海；

天下愿识韩荆州。

程恩泽撰，见梁章钜《楹联丛话·卷十二》。

赠梁章钜出任苏藩

名辈出枢垣，本杜断房谋，陶甄南国；

鸿才领词坫，有欧书韩句，濡染东吴。

程恩泽撰，见梁章钜《楹联丛话·卷十二》。

赠梁章钜出任甘藩

霖雨东兴，枢密上才开远略；

好风西笑，湖山秀句带边声。

程恩泽撰，见梁章钜《楹联丛话·卷十二》。

赠梁章钜巡抚广西

洪容斋随笔成书，实著作之渊海；

范致能骖鸾有录，比宦游于神仙。

程恩泽撰，见梁章钜《楹联丛话·卷十二》。

赠梁章钜出任广西

江乡仁惠传荒政；

岭表恩威播外夷。

阮元撰，见梁章钜《楹联三话·卷下》。

赠梁章钜

诏起家山，著述已成千卷；

官同岭海，因缘宿缔三江。

林则徐撰，见李文郑《林则徐楹联辑注》。

集字赠梁章钜

凤质龙文，光华相映；

景风淑气，仁寿同登。

张岳崧撰，见梁章钜《楹联丛话·卷十一》。

集句赠梁章钜两副

有忍乃有济；

无爱即无忧。

洗心曰斋，防患曰戒；

循法无过，修礼无邪。

张应昌撰，见梁章钜《楹联续话·卷之二》。

赠梁章钜

仁仁义宜，以制其行；

经经纬史，乃成斯文。

万承纪撰，见梁章钜《楹联续话·卷之二》。

梁恭辰出任浙江并迎养梁章钜以赠

曾从二千石起家，衣钵新传贤子弟；

难得八十翁就养，湖山旧识老诗人。

林则徐撰，见梁章钜《楹联三话·卷下》。

赠梁章钜解组后

难进易退，易事难悦；

先劳后禄，后乐先忧。

阮元撰，见梁章钜《归田琐记·卷六》。

赠梁章钜

君子才如不羁马；

先生可是绝俗人。

阮元撰，故宫博物院藏联墨，疑为阮元赠联。上款“集山谷、东坡句为退庵主人”，下款“阮元”。

赠梁章钜解组后

乾隆末举秀孝，嘉庆初历翰部，道光间掌封圻，回首功名成百顺；

经史部有旁证，艺文家喜博稽，政事门备掌故，等身著述自千秋。

谢学崇撰，见梁章钜《归田琐记·卷六》。

题梁章钜黄楼

白傅早归，一代福人居福地；

苏公再见，千秋黄巷重黄楼。

余应松撰，见梁章钜《楹联丛话·卷十二》。

贺梁章钜七十寿

二十举乡，三十登第，四十还朝，五十出守，六十开府，七十归田，须知此后逍遥，一代福人多暇日；

简如格言，详如随笔，博如旁证，精如选学，巧如联话，富如诗集，略数平生著述，千秋大业擅名山。

王叔兰撰，见梁章钜《归田琐记·卷六》。

赠梁章钜迎养温州戏彩亭

山水林亭，自得清趣；

管弦觞咏，以娱大年。

赵蓉舫撰，见梁章钜《浪迹三谈·卷四》。

赠梁章钜祖父梁天池

甘守清贫，力行克己；

厌观流俗，奋勉修身。

孙玉庭撰，见梁章钜《楹联续话·卷之二》。

挽梁章钜父梁赞图

十五传兰玉相承，授砚三看入芸馆；

六千里泥金甫报，抚楹一笑返蓉城。

纪昀撰，见梁章钜《楹联丛话·卷十》《退庵诗存·卷十四》。

挽梁章钜妻郑夫人

淑德称女师，孝著郑经，礼修梁案；

令名相夫子，泽流三党，絮被万家。

程恩泽撰，见梁章钜《楹联丛话·卷十》。

挽梁章钜妻郑夫人

相夫垂四十载辛勤，出处同心，昼锦归来犹并辔；

济世具万千缗功德，炽昌启后，夜台化去合生天。

林则徐撰，见梁章钜《楹联丛话·卷十》。

挽梁章钜妻郑夫人

千里莼羹，方偕归隐，三间茆屋，幸免赁舂，卅八载鸿案相庄，痛半世钗荆，彤史遽亡贤德曜；

鉴鞶才思，葭末心钦，书带家声，兰猷耳熟，廿六年鲤庭陪侍，对后堂丝竹，绛帷望断老彭宣。

祝春熙撰，见梁章钜《楹联丛话·卷十》。

集句赠梁章钜子梁丁辰、梁恭辰

虚其心，实其腹；

骥之子，凤之雏。

陈继昌撰，见梁章钜《楹联三话·卷下》。

赠梁章钜子梁恭辰

兰绮名门承建节；

棣华旧雨重齐年。

白让卿撰，见梁恭辰《楹联四话·卷一》。

贺梁章钜子梁恭辰六十寿

花萼集，竹林游，他日归田应有约；

廉察精，功过录，此身修福合长生。

同怀弟侄合制，见梁恭辰《楹联四话·卷三》。

贺梁章钜子梁恭辰妻杨夫人六十寿

中寿世所荣，祝嫂嫂千秋，永佐阿哥持豸节；

高歌吾已老，愿年年二月，长偕犹子进麋觞。

同怀弟侄合制，见梁恭辰《楹联四话·卷三》。

梁氏家族楹联

梁赞图楹联

梁赞图，梁章钜之父，乾隆举人，曾官宁化县教谕。“字斯志，又字翼斋，行二，乾隆戊子与同怀弟九山公同举于乡，考补内廷咸安宫教习。”（梁章钜《退庵自订年谱》）

集《四书》句

敏则有功公则说；

淡而不厌简而文。

见梁章钜《楹联丛话·卷八》。

“书香世业”匾堂联

近承十五叶囊箱，阐发金书玉字；

遥印千乘侯矩矱，优游圣域贤关。

见梁章钜《楹联丛话·卷十》。

梁奉直楹联

梁奉直，梁章钜伯父。

赠人

欲知世味须尝胆；

不识人情只看花。

见梁章钜《楹联丛话·卷八》。

梁上国楹联

梁上国，梁章钜叔父。“字斯仪，又字九山，乾隆乙未进士，历官翰詹科道，洊至太常卿，终于广西学政任所，陈恭甫铭其墓。”（梁章钜《退庵自订年谱》）“有《驳毛氏大学证文》一卷。他著又有《数目通典》十卷、《闽海人文》五卷、《山左山右辽沈粤西游记》四卷、《九山诗文集》十二卷。”（《清史列传·卷六十八》）

奉天府丞大堂

勉力为之，正人心，厚风俗，实惟根本；

文治彰矣，拔真才，加训迪，勿懈功夫。

见梁章钜《楹联丛话·卷五》。

福州黄巷老屋两副

座对贤人酒；

门听长者车。

宅入先贤传；

门听长者车。

见梁章钜《楹联丛话·卷十二》。

郑光策楹联

郑光策，梁章钜蒙师、岳父。“字琼河，又字苏年，闽县人。与先大夫为读书社至交，余之妻父也……嘉庆乙丑，余为辑《西霞文钞》上下卷，付友人梓行。”（梁章钜《归田琐记·卷四》）

挽弟郑天衢

缘尽先离，伤心卌载荆枝，漫说来生还有约；

事多未了，回首七旬萱荫，敢言已死便无知。

见梁章钜《楹联丛话·卷十》。

梁际昌楹联

梁际昌，初名功，改名际昌，字虚白，梁章钜堂兄，梁运昌胞兄。曾为4岁梁章钜发蒙，后与其弟梁运昌及梁章钜同时中举。

何太恭人七十寿辰

人间贤母曾推孟；

天上仙姑本姓何。

见梁章钜《楹联续话·卷之三·佳话》。

梁运昌楹联

梁运昌，梁章钜堂兄，嘉庆进士，授翰林院编修。“原名雷，字曼云。”（郑祖庚《侯官县乡土志·之一》）“字春中，一字曼云，又字曼叔，晚号江田伯父，茂才叶所公之第三子也。”（梁章钜《归田琐记·卷二》）

题廖英墓门

黄壤可怜埋傲骨；

青山长遣伴吟魂。

见梁章钜《归田琐记·卷二》。

龚丰谷楹联

龚丰谷，梁章钜妹婿，为其叔父梁上国女婿。“梁符瑞，紫瑛六妹，九山公长女也，适闽县湖北天门令龚丰谷。”（梁章钜《闽川闺秀诗话》）

自题京宅春联

家传渤海箕裘远；

春到方壶雨露新。

见梁章钜《楹联丛话·卷十二》。

梁逢辰楹联

梁逢辰，梁章钜长子。“字聿磬，又字吉甫……道光五年乙酉科中亚元。八年，官内阁中书……后官兵部员外郎。书法神似颜、柳，而隶书尤胜，名重一时。”（李柏荣《魏源师友记》）后改就江苏候补同知。“（嘉庆）庚申……逢辰

生。”（梁章钜《退庵自订年谱》）

贺林扬祖祖母寿

致欢久协曹全谚；

介福长酬令伯情。

见梁章钜《归田琐记·卷六·楹联剩话》。

梁丁辰楹联

梁丁辰，梁章钜二子，字平仲。“道光己亥举人，内阁中书。”（林则徐《诰授资政大夫兵部侍郎都察院右副都御史江苏巡抚梁公墓志铭》）“（嘉庆）辛未……丁辰生。”（梁章钜《退庵自订年谱》）

集字联

守始图成，以翼其善；

造义繇道，不求诸人。

见梁恭辰《楹联四话》。

自题厅事

随遇而安，素患难行乎患难；

与人无忤，呼马牛应以马牛。

见梁恭辰《楹联四话·卷五》。

自题洗银营大门

银无可洗；

云尚能梯。

见梁恭辰《楹联四话·卷五》。

梁恭辰楹联

梁恭辰，梁章钜三子。“道光丁酉举人，浙江候补知府，署温州府事。”（林则徐《诰授资政大夫兵部侍郎都察院右副都御史江苏巡抚梁公墓志铭》）“（嘉庆）甲戌……三儿恭辰生于台庄舟次。”（梁章钜《退庵自订年谱》）梁恭辰著有《劝戒录》《池上草堂笔记》《北东堂笔录》，并继承乃父衣钵，续著有《楹联四话》《巧对续录》等，所撰巧对甚多。

温州郡署公堂

要地寄一麾，须常念海山深阻；

旧堂共千载，敢但希王谢风流。

见梁章钜《浪迹续谈·卷二》《楹联三话·卷上》。

贺应宝时六十寿

作忠仍作孝，羡六旬犹舞斑衣，善则归亲，天使寿翁娱老母；

忘世不忘民，代三省广筹粒食，福求自己，人夸晚岁庆多男。

见梁恭辰《楹联四话·卷三》。

赠戴咸弼

二千里外冷官，潘舆迎养百龄母；

六十年来宿学，边笥真藏万卷书。

见梁恭辰《楹联四话·卷一》。

丁竹舟、丁松生依竹起屋

万卷皆成帙；

千竿不作行。

见梁恭辰《楹联四话·卷一》。

赠俞樾

家有百旬老母；

身为一代经师。

见龚联寿《中华对联大典》。

东坡生日觞咏出句限对“北”字

新春迎东郭，东风冻解，东谷阳回，全凭东君作意，开东阁于东偏，正值东坡诞日，作东道主为东，闽人执牛耳以光坛坫，多属东浙名流，省会讲舍著东城，别墅擅东皋，甘橘贡东瓯，名泉夸东浦，更有东山丝竹，休问他东渡三军，不醉无归，直饮到东方月上，东海澜回，快听东宁报捷。

良会值北冬，北陆寒严，北窗晷短，赖有北海盈尊，宴北宫于北榭，愧非北苑画才，改北风图为北，陵石濡龙须而赋咏歌，譬诸北园猎较，搜罗籥云翔北雁，掀涛跃北鲲，抟沙盘北隼，狎水戏北鸥，回思北阙眷恩，肯忘却北台五夜，于今终老，又何嫌北林息壤，北山腾笑，敢云北斗名高。

梁恭辰出句、王堃对句，见王堃《自怡轩对联缀语·卷下》。

巧对若干

乾隆间，浙江乡试二场。《易经》题有出“离为目为电”五字者，与某科第一场首题“利与命与仁”恰好作对。（见梁恭辰《巧对续录·卷上》）

天下物，有不可以常理测者。“石脾入水即干，出水便湿；独活有风不动，无风自摇。”此二语，便可对。又“石脾”可对“木耳”。（见梁恭辰《巧对续录·卷上》）

《国朝文武官职备考》一书为钦定本，上溯三代，近迄我朝。其中名色一一可稽取而对之，诚足以新耳目也。兹酌录于左。如：“按察”对“监临”，“总制”对“协揆”，“公相”对“师王”，“侍卫”对“驻防”……“铁帽子”对“绣衣郎”，“千夫长”对“百里侯”……“三太三少”对“四辅四邻”，“北门学士”对“东台舍人”……（见梁恭辰《巧对续录·卷上》，共五十七对）

国朝寰宇辽阔，州郡以数千百计。就十八省间，每有两处同一名者，而可取以为对偶者甚多。今特酌录之于左。如：博白（广西）；宜黄（江西）。分水（浙江）；连山（广东）。武进（江苏）；文登（山东）。青浦（江苏）；蓝田（四川）……黄梅县（湖北）；黑盐厅（云南）。四会县（广东）；六安州（安徽）。（见梁恭辰《巧对续录·卷上》，共六十一对）

余少喜声歌，每不入调，人辄谓方喉难以习唱也。时以方勤举业，亦竟置之。后二十年，以浮宦需次之江，闲散多暇，藉以消遣，偶宴集乘兴为之，遂于斯道有进，愈唱而音愈出，喉音亦愈圆，盖已从事卅余年矣。其名目，除前录已及者不重叙，兹复择其雅者，对为偶句于左。如：“吃糠”（琵琶记）对“煎粥”（牧羊记），“揭钵”（西游记）对“闻铃”（长生殿），“刺虎”（铁冠图）对“看羊”（牧羊记）……“玉剳子”对“金盏儿”，“天下乐”对“殿前欢”，“归塞北”对“收江南”。（见梁恭辰《巧对续录·卷上》，共六十四对）

昔闻有一对甚难著笔，句云："天上月圆，地下人间月半，月圆偏在月半时。"久无有论之者。后予日在撰补《巧对录》，一再思维，勉力对之云："冬令日短，春来夏至日长，日短早为日长地。"按："月圆""月半"语，前录虽有，而文不同，对亦不同，故又录此。（见梁恭辰《巧对续录·卷下》）

又莆田郭兰石太史尚先，以名翰林居编修十二载，而不迁秩，京师人呼为"金不换"，以编修戴金顶故也。天门蒋笙陔修撰立镛，在馆十年，不除一官，人号"石敢当"，以修撰戴白石顶故也。"金不换"对"石敢当"，亦是绝对。（见梁恭辰《巧对续录·卷下》）

"都在我"，闽中大竹筐名也。旅行用之，以凡物皆可储，故名，亦名为"懒收拾"。有以"不求人"对者，甚巧。不求人，亦以竹为之，或以角如小掌形，可用以搔背。又闽中山行竹兜轿有"九条龙"者，取其轻捷，而急足跑信者，则称"千里马"，两足系以铃，行则有声，同行者避路耳。此六字亦可为巧对。（见梁恭辰《巧对续录·卷下》）

彭文勤《跋龙洲道人集》云：龙洲尝在辛稼轩席上赋《羊肾羹》云："拔毫已付管城子，烂胃曾封关内侯。死后不知身外物，也随樽俎伴风流。"句甚风趣。按："羊肾羹"可对"牛心炙"。（见梁恭辰《巧对续录·卷下》）

撰句有自占身分者，张南华鹏翀《汤圆赋》云："升沉总不惊。"其气度可知。庄滋圃有恭作《茧》诗云："经纶犹有待。"其抱负不凡。"经纶"五字，可与"升沉"五字为对。（见梁恭辰《巧对续录·卷下》）

申江游人辐辏，茶馆尤多。丽水台茶室最著名，历三层而上。近又有天然居高耸江滨，登其上，有飘飘凌云之概。每日入座茶话者，以数千计。先有人撰联句云："客上天然居，居然天上客。"下五字即就上五字倒转成文，另翻一意，巧不可言喻，久之莫属对。偶有一二语，多属牵强置之。尚记得最后一对较胜，句云："人下乡约所，所约乡下人。"亦足以征巧思矣。因念杭垣以土棍太多，诛不胜诛，设自新所拘留之，候其自新。若辈本好食懒动，每相安之，而其中自爱者，因而改行，亦不乏人；其不自爱者，经年不出也。予正续《巧对》，因得句云："人爱自新所，所新自爱人。"而"所"字尚嫌落上对之窠臼也。又思杭省多善举，同善堂外，如义渡、义学、义地、惜字官、医婴堂、老人院、清节堂，施棺、施药、施粥、施茶、棉衣，不一而足。何为独乏放生之举？向有大生会名目，专为放生一事，今无闻焉。余谓浩劫濒行之后，正宜体上天好生之德，注意于戒杀放生，语云："愿天常生好人，愿人常行好事，然必人多行好事，天自多生善人也。"因复得对句云："人好大生会，会生大好人。"似此对去，较前两联为自然耳。未知此外更有能对否？（见梁恭辰《巧对续录·卷下》）

凡作对，如八言，于本句自作对则易属，亦无贵也，故取七言、五言者最多。今取三言、四言作对，亦颇新倩。本系成语，习之可为摛词之助耳。酌录如左。如："鼓筝草"（本草）对"锦带花"（方物记），"金雀瓣"（群芳谱）对"玉鸡苗"（清异录），"王孙草"（骚）对"帝女花"（广雅），"安邑枣"（史记）对"哀家梨"（世说），"蛇添足"对"龙点睛"，"龙花蕊"（长编）对"燕蓐蔬"，"书带草"对"米囊花"（群芳谱）。四言云："刻舟求剑"对"买椟还珠"，"屈刀为鉴"对"断带续灯"，"胶柱鼓瑟"对"以莛撞钟"，"归心似箭"对"掩耳盗铃"……（见梁恭辰《巧对续录·卷下》，共四十四对）

"公冶长解猪语"，见皇侃《论语疏》，可与"介葛卢闻牛鸣"作的对。"猪语"或云"鸟语"；猪只有鸣，鸟则有语，似以"鸟语"为是。（见梁恭辰《巧对续录·卷下》）

国朝书家刘石庵相国，无日不临帖，肘不去案者六十年。善于用墨，魄力甚厚，尝自言："耗去数万斤油矣。"王梦楼太守则书不经意，愈淡愈超，全取丰神。时有"浓书宰相，淡墨探花"之对。又墨固以烟为之，而烟以油为之。尝闻人之一生喜伏案者，夜间灯油以之造墨，足应一生之用。故佳墨必书"五百斤油"字。又以油作墨，必多加杵，愈多杵愈妙。犹忆陶文毅公曾赐予墨二小匣，墨面有"十万杵"三字。予谓五百斤油常见，今以"十万杵"对"五百斤"，亦属巧对。（见梁恭辰《巧对续录·卷下》）

梁武帝《断酒肉文》云："酒是魔浆。"可与"福水"作对，盖一颂一戒也。又谚谓酒曰："其益如毫，其损如刀。"谅哉。（见梁恭辰《巧对续录·卷下》）

《群芳谱》：山东有乐氏枣，丰肥细核，多膏肥美。旧传乐毅自燕携来之种，亦曰毅氏枣，见《太平寰宇记》，以对"哀家梨"，甚工。按：前曾以"安邑枣"对"哀家梨"。（见梁恭辰《巧对续录·卷下》）

对语格式甚多，至以全诗对全诗，尤新颖，要在大意之对，不拘于字面也。即如两花可相对，或中另多一物，则不对矣。陶渊明云："尔从山中来，早晚步天目。我屋南山下，今生几丛菊。"王摩诘云："客从故乡来，应知故乡事。来日小

窗前，寒梅着花未。”两诗机杼相同，均为名贵菊梅，相对最的。（见梁恭辰《巧对续录·卷下》）

近阅《东坡事类》，有东坡《荐鸡疏》云：爰念世无不杀之鸡，均为一死法。有往生之路，可济三途，是用每月之中斋五戒。道者庄悟空，两日转经若干卷，救拔当月所杀鸡若干只。又《示儿编》云：东坡居常州，颇嗜河豚，而士大夫家精于烹是鱼者，辄招东坡享之。妇孺倾室聚于屏后，欲闻一语品题。东坡下箸，大嚼久之，寂如喑者。主人黯然，屏后集者失望相顾。东坡忽投箸大声叹曰：“值得一死！”于是，合舍大悦。噫！东坡诚有味，其言使嗜色如嗜河豚者，而不知皆不免于死。余向喜戒杀，特录此二则，以示戒。而前节之“可济三途”四字，正可以“值得一死”为的对。且均为东坡事，亦相属也。（见梁恭辰《巧对续录·卷下》）

《春渚纪闻》：坡公、山谷、秦太虚七丈，每为人乞书。酒酣笔倦，坡则多作枯木拳石，以塞人意，山谷则书禅句，秦七丈则书鬼诗。“禅句”“鬼诗”亦可作对。（见梁恭辰《巧对续录·卷下》）

《识小录》：坡公尝钞书，一书每为一体。则忽作颠张，忽作醉素。“颠张”“醉素”，可为的对。（见梁恭辰《巧对续录·卷下》）

附录

附录一　梁章钜年谱简编

梁章钜（1775—1849），祖籍福建长乐，生于福州。字闳中，又字芷林、茝林、茝邻、芷邻，晚号退庵居士。乾隆五十九年（1794年）举人，嘉庆七年（1802年）进士，授翰林院庶吉士，后在礼部、军机处任职，历任湖北荆州知府、江南淮海河务兵备道兼署江苏按察使、山东按察使兼署山东布政使、江苏布政使护理江苏巡抚、甘肃布政使、广西巡抚兼署广西学政、江苏巡抚代署两江总督。著述八十余种，林则徐称“仕宦中著撰之富，无出其右”。

乾隆四十年（1775年）乙未，梁章钜出生

七月初六日生于福州淳仁里。见《退庵自订年谱》：“时先考翼斋公上公车未回。是年，先叔父九山公（梁上国）成进士，入翰林。翼斋公讳赞图，字斯志，又字翼斋，行二，乾隆戊子与同怀弟九山公同举于乡，考补内廷咸安宫教习。”

乾隆五十三年（1788年）戊申，十四岁

以第九名童生录送鳌峰书院肄业。

乾隆五十六年（1791年）辛亥，十七岁

以第一名取入长乐县庠。

乾隆五十九年（1794年）甲寅，二十岁

是秋乡试，与伯兄梁际昌、三兄梁运昌同举于乡。

此前，撰福州黄巷老屋魁星阁联。见梁章钜《楹联丛话·卷三》“余家有魁星阁”，又见梁章钜《楹联丛话·卷十二》“余福州老屋在黄巷”，乃知此魁星阁原在福州黄巷老屋。梁章钜并引叔父梁上国题联之事，“后四十年，余由苏藩假归，遂卜居焉”，“苏藩假归”已是五十八岁，四十年前当是十八岁少年之时，可知此联撰于其少年之时、中举之前。

嘉庆五年（1800年）庚申，二十六岁

大儿梁逢辰生。辑《东南峤外书画录》二十卷。

嘉庆七年（1802年）壬戌，二十八岁

会试以二甲第九名成进士。朝考入选第二名，以翰林院庶吉士用教习。是秋，父梁赞图逝于宁化教谕任上，踉跄南奔。丁忧在家，主讲福州鳌峰书院。

嘉庆十年（1805年）乙丑，三十一岁

二月，服阕进京，散馆以二等第五名引见，改签礼部主事，入仪制司行走。是秋，因病请假回籍。在部时辑《南省公余录》四卷。

作“谦谦君子”巧对。见梁章钜《巧对录·卷之六》，又见梁章钜《南省公余录·卷七》。

嘉庆十三年（1808年）戊辰，三十四岁

自去岁执掌浦城南浦讲席。是秋，为福建巡抚张师诚延入幕中。三年后，复入张师诚幕。

嘉庆十九年（1814年）甲戌，四十岁

三儿梁恭辰生于台庄舟次。八月，抵京销假，仍在礼部仪制司行走。

嘉庆二十一年（1816年）丙子，四十二岁

兼礼部精膳司帮办掌印。是秋，考选军机章京，以第一卷引见记名。是冬，入宣南诗社，辑《春曹题名录》六卷。在京期间，时与宣南诗社及在京福建诸人游历唱和。

与人合撰北京福州会馆联、北京福州会馆元宵灯联。见梁章钜《楹联丛话·卷五》："余于嘉庆丙子，与同郡诸君子又创构福州新馆……同郡诸君子合撰楹帖……所制灯联，合前后众手为之。"见《林则徐日记》是年腊月二十四日记："下午至福州新馆，书春帖子。"

道光二年（1822年）壬午，四十八岁

由礼部堂官以"才具练达，克称厥职"保举，京察一等。二月，由吏部引见，奉朱笔圈出，以繁缺道府用，仍加一级。闰三月，授湖北荆州知府。五月，挈眷出都。六月，莅荆州任。

撰荆州府厅事联。见梁章钜《楹联丛话·卷八》："余初历外任，即守荆州。尝于厅事漫题一联云……"

道光三年（1823年）癸未，四十九岁

擢授江南淮海河务兵备道。六月，至清江浦莅任。辑《江汉赠言》二卷，黎湛溪河帅为之序。

撰江南淮海河务兵备道厅事联。见梁章钜《楹联丛话·卷八》："余初历外任，即守荆州……未及一年，擢淮海监司……因题厅事云……"

撰高邮露筋祠联。见梁章钜《楹联丛话·卷四》："黎湛溪河帅亦欲集成一联……属余觅对。"黎湛溪，即黎世序，道光四年卒，二人河务交集当在此时。

道光四年（1824年）甲申，五十岁

九月，调署江苏按察使，驻苏州沧浪亭行馆，有《沧浪亭题咏》两卷。

道光五年（1825年）乙酉，五十一岁

是春，管理盘运漕粮总局。五月，调署江苏按察使。七月，又调回盘运漕粮总局。

道光六年（1826年）丙戌，五十二岁

二月，任山东按察使。十一月，调补江西按察使未行，兼署山东布政使，后又擢江苏布政使。

撰济南大明湖小小沧浪亭联。见梁章钜《楹联丛话·卷七》，又见梁恭辰

《巧对续录·卷下》："济南有大明湖……予十四岁随任臬署，屡往游焉。"

道光七年（1827年）丁亥，五十三岁

抵江苏布政使任，顺途登泰山。辑《东南棠荫图咏》三卷。

年初，撰泰山岱庙联。见梁章钜《楹联丛话·卷六》："余由东臬擢藩吴中……宿岱庙中……适庙僧索书楹联……"

撰江苏藩署联。见梁章钜《楹联丛话·卷五》："余在江苏藩署，亦有一联云……"

约于此年下半年或翌年初，撰苏州韦公祠联、苏州白公祠联、苏州况公祠联、苏州陈公祠联。见梁章钜《楹联丛话·卷四》："苏州郡学之旁，有名宦专祠四所，祠各有像，岁久倾陁剥蚀。余下车即属长洲令王槐午锡蒲重修，工竣，槐午索余各纪以联。"

道光八年（1828年）戊子，五十四岁

以挑浚吴淞江议叙加一级。修沧浪亭工竣，记而碑之。辑《沧浪亭志》四卷。

约在九月，撰苏州沧浪亭联。见梁章钜《楹联丛话·卷六》："余因辑《沧浪亭志》得集句一联云……"又见梁章钜《退庵诗存·卷十三》有《重修沧浪亭落成，重九日……和海帆韵其二》诗云："……清风明月原无价，近水遥山倍有情……朝来佳话传吴下，贺九还兼志落成。"

道光九年（1829年）己丑，五十五岁

九月，江苏巡抚陶澍奏请护理江苏巡抚。辑《吴中唱和集》八卷。又作小沧浪七友画卷，刻石沧浪亭壁。

撰苏州石狮泾浜供膳义学联。见顾震涛《吴门表隐》："供膳义学在齐门外石狮泾浜。道光九年……布政使梁章钜给匾曰：'乡校遗风'，联曰……"

约于此时，撰苏州潘曾沂课耕楼联。见梁章钜《沧浪亭放生会碑记》："今年四月二十七日，潘舍人曾沂复扩其意，大设是会于沧浪亭……道光九年己丑季冬之月。"又见来新夏《林则徐年谱长编》："（道光十三年）正月，林则徐的友人潘曾沂推行'区田法'以改进农业。"暂录于此，待日后考证。

约于此时，撰赠张襄联。见梁章钜《楹联续话·卷之四·杂缀谐语附》："云裳屡为余题画册、画卷，余亦为云裳题其邓尉探梅玉照，并报以联云……"又见梁章钜《退庵诗存·卷十六》有《张云裳女史襄邓尉探梅画卷》诗二，诗作于沧浪亭修建后，又在庚寅新春之前。

道光十年（1830年）庚寅，五十六岁

八月，奉命护理江苏巡抚。是年始遍游吴下诸山，各有诗册画卷纪之。

约于此时，撰赠赵光禄联。见梁章钜《楹联丛话·卷十二》："赵雨楼光禄与余同直枢地，同膺察典，而后余八年始出守镇江。谒余于吴门，索书楹帖……"梁章钜于道光二年（1822年）初守荆州，据此则为"后余八年"之期。

或于此时，撰江阴张许二公祠联。见吴恭亨《悔晦堂对联话·卷三》："江阴张许二公祠，梁茝邻巡抚联云……"

道光十二年（1832年）壬辰，五十八岁

二月，第四次奉命护理江苏巡抚。四月，因病奏请开缺。六月，林则徐接任。八月，回福州，进黄巷新宅。是年修葺宅右小楼，榜曰"黄楼"。

撰福州黄巷新宅联。见梁章钜《楹联丛话·卷十二》："余于五十八岁引疾归里，有口号云……李兰卿以此十四字作分书楹联相赠。"

道光十三年（1833年）癸巳，五十九岁

是岁修葺宅左小园，榜曰"东园"，分为十二景，有诗纪之。

撰福州东园芝南山馆联、东园藤花吟馆联、东园百一峰阁联、东园全闽诗钞楼联、东园宝兰堂联。见梁章钜《楹联丛话·卷十二》，又见梁章钜《退庵诗存·卷二十三》。

或于此时，撰汉碑集联。见梁章钜《楹联丛话·卷十一》："汉碑句皆质重，蔚然古香。余斋所藏颇多，因偶集为楹联云……"应在《楹联丛话》付梓之前，或于此小隐之际。

道光十五年（1835年）乙未，六十一岁

八月杪抵京销假，蒙召见一次。次日即授甘肃布政使，复蒙召见并赐克食于

重阳日。挈梁逢辰、梁映辰赴甘肃任，顺途游华山。

夏，撰贺借庵八十寿联。见梁章钜《楹联三话·卷上》："又记得乙未夏余游焦山时，借庵诗僧犹健在。前一年是其八十诞辰，借庵索余补赠联句。"又见梁章钜《浪迹丛谈·卷一》。

夏，撰赠程赞清联。梁章钜《楹联续话·卷之三》："程定甫同年赞清于道光乙未重游泮宫……是年，余适过扬州，定甫招饮，遂即席书一联赠之云……"所谓过扬州，当是由闽入京途经此地。见《林则徐日记》是年六月二十三日梁章钜到苏州，可推测路过扬州及镇江应在六七月间。

秋，撰华山华岳庙联。见梁章钜《楹联丛话·卷六》："余由秦入陇，往返信宿，皆在其中。"

撰兰州藩署乐寿堂联。见颜永桢《兰州楹联汇存·元卷》，落款："芷邻梁章钜。道光十五年。甘肃布政使。"

冬，撰挽俞德渊联。见梁章钜《楹联三话·卷下》："余在兰州藩署，忽接陶泉之讣，为之涕如绠縻。"又见梁章钜《浪迹丛谈·卷三》。又见李柏荣《魏源师友记》："道光十五年冬，陶澍入觐，荐德渊可大用，上亦嘉之。而德渊竟以疾卒。"

道光十六年（1836年）丙申，六十二岁

正月，调授直隶布政使，迟至三月杪始成行，途次接广西巡抚之任命。五月，抵京，蒙连日召见六次，赐克食五次。挈梁丁辰、梁敬辰赴广西任，兼署广西学政。

二月前后，撰兰州镇远桥联。见梁章钜《楹联丛话·卷七》："每岁二月初吉，大府率僚属斋祓诣河渎神，为合桥之祀……余拟题桥门一联云……"

三月，撰兰州五泉山寺联。见梁章钜《楹联丛话·卷七》："余于卸藩任后，始独游一次。翌日，即戎行匆匆，不能成诗，仅留联句畀寺僧。"

撰广西抚署怀清堂联。见梁章钜《楹联丛话·卷五》。

撰贺龚丽正七十寿联。见梁章钜《楹联丛话·卷十二》。龚丽正生于1767年，按虚岁计，其七十寿在1836年。

道光十七年（1837年）丁酉，六十三岁

修复署东铜鼓楼，成《铜鼓联吟集》两卷。又于独秀峰下重建五咏堂，为诗纪之，远近和者百余家。

约于此时，撰贺兴仁六十寿联。见梁章钜《楹联丛话·卷十二》："桂林太守兴静山，以四月四日周甲初度，余以联寿之云……"

道光十八年（1838年）戊戌，六十四岁

款宴越南使臣，作画册纪之。校梓《文选旁证》四十六卷。

年初，撰挽长龄联。见梁章钜《楹联丛话·卷十》："闻除夕向家人查询歙县曹文正公终于何日，众对曰'正月二日'，公曰'我不可居其后'。逾日遂逝……时余在桂林，接公讣书，亦寄联挽之云……"长龄逝于是年正月。

撰挽朱士彦联。见梁章钜《楹联丛话·卷十》。朱士彦逝于是年。

撰挽吕璜联。见梁章钜《楹联丛话·卷十》。吕璜逝于是年。

岁末，撰桂林独秀峰五咏堂联、桂林独秀峰五咏堂北厅联。梁章钜《楹联丛话·卷七》："余于道光戊戌冬，始与僚寀商复五咏堂……不两月而规模大具，顿成壮观。因撰一联云……"

道光十九年（1839年）己亥，六十五岁

监临广西文武两闱。辑《制义丛话》二十四卷。

约于此时，撰桂林李园镜亭联。见梁章钜《楹联丛话·卷七》："余屡觞咏其中。"又见江国霖《制义丛话·序》："忆道光己亥秋，国霖奉命典粤西乡试，时先生以大中丞抚粤……时新筑五咏堂于独秀峰下，先生邀往宴饮其中，以梨园小部相随，又同游风洞、李园诸胜，登陟谈谯，终日无倦容。"

撰挽陶澍联。见梁章钜《楹联丛话·卷十》。又见梁羽生《名联谈趣》："陶澍生于乾隆四十年，卒于道光十九年。"又见来新夏《林则徐年谱长编》："六月初二日，原两江总督陶澍卒。"

撰挽陈銮联。见梁章钜《楹联丛话·卷十》。又知陈銮"十九年，冒暑行阅，病卒"。

道光二十年（1840年）庚子，六十六岁

辑《楹联丛话》十二卷，陈继昌为之序。是年，始遍游桂林诸山，画长卷纪之。

约于此时，撰桂林叠彩山景风阁联。见梁章钜《楹联丛话·卷十一》。

约于此时，撰桂林叠彩山福庭联。见金武祥《粟香二笔·卷四》。

约于此时，撰赠余应松二联。见梁章钜《师友集·卷十》："山阴余小霞州判……流滞桂林不能归……张诗舲方伯莅粤，余为之先容，方伯亦赏异之。"又见梁章钜《楹联续话·序》："忆在桂林时，每得一联，辄与陈莲史、余小霞、陈海霞、桂舫诸君子赏析之。付梓时，又得小霞专任校字之役，故成书不觉其难。"

至少此前，撰关庙联。见梁章钜《楹联丛话·卷三》："按《三国志》本传有'威震华夏'语，似亦可对'志在春秋'。"此为梁章钜即兴而对，时间已无考，收入《楹联丛话》，只能知撰在此前。

道光二十一年（1841年）辛丑，六十七岁

二月，带兵梧州，支援广州抗英，旋调江苏巡抚。五月，挈家登舟。七月，莅江苏任，即带兵赴上海防堵。十一月，疾作，即专折陈请开缺调理。长子梁逢辰成进士，以兵部员外郎即补。

约于此时，撰挽沈廉联。见梁章钜《师友集·卷七》："余抚苏时，尝手书招之，而君竟不及寓目矣。"

约于此时，撰挽贺崇禧联。见梁章钜《归田琐记·卷六》："在苏州日，挽吴县令贺吉人崇禧云……近余重莅吴门，复以同知奏荐，奉部覆准之日，吉人已不及见矣。"

道光二十二年（1842年）壬寅，六十八岁

正月，皇帝准其开缺调理。二月，挈家登舟，因钱塘江口戒严，遂回帆北渡扬子江，寓居扬州张氏园者三月有余，与阮元、黄奭等剧谈。五月杪，渡江而南，径达苏州，六月杪，抵浦城，听闻英夷要在福州设立码头，城中士民惶惑，不得已暂驻南浦，借宅而居。忙中辑《楹联续话》四卷、《巧对录》四卷。

四月，撰挽成世瑄联。见梁章钜《归田琐记·卷六》："自余引疾后，兰生

势益孤，遂以忧死。”成世瑄于是年四月病逝。

夏初，撰扬州平山堂联。见梁章钜《楹联续话·卷之二》，又见梁章钜《浪迹丛谈·卷二》：“余于壬寅夏初来游，亦曾撰一联云……”

约于此时，撰挽李国瑞联。见梁章钜《归田琐记·卷六》：“在扬州挽……余在苏藩，曾调石舟为首郡，甚资臂助；既擢淮扬道，以河壖出力，加运使衔。殁时，其慈亲尚在堂也。”

道光二十三年（1843年）癸卯，六十九岁

购浦城花园同荒地一区，起造新宅，左有方池半亩，遂环池略缀屋宇，榜曰“北东园”，以别于福州之东园也。四月，进新宅。《楹联续话》付梓。

撰浦城北东园中堂二联、北东园书室联、北东园池上草堂二联。见梁章钜《楹联续话·卷之二》。

与孙辈巧对。见梁章钜《巧对录·卷之八》：“余养痾浦城，喜课幼孙属对，以为消遣。”

道光二十四年（1844年）甲辰，七十岁

自订年谱，又辑《称谓拾遗》十卷。

约于此时，撰挽周广文联。见梁章钜《归田琐记·卷六》：“余到浦后，逭暑消寒之会颇盛，芑源辄在坐，尝称之为‘一乡善人’。”

道光二十五年（1845年）乙巳，七十一岁

仍居浦城北东园。辑《归田琐记》八卷、《师友集》十卷。

约于此时，撰挽许太淑人联。见梁章钜《归田琐记·卷六》：“又寄挽杭州许太淑人云……”又见许惇书《归田琐记·序》：“爰于暇时撰《归田琐记》八卷，邮以见示……道光二十五年冬十二月受业仁和许惇书谨撰。”可知撰写挽联在道光二十五年冬前，既已“寄挽”，多在离扬州之后。

此年秋后，集赠张师诚联。见梁章钜《楹联三话·卷下》：“余有奉怀吾师句云……刻入《师友集》中。仲甫见之，以为稳切之至，亦可作楹帖也。”暂可知此句摘作楹帖在《师友集》是年秋印行之后。

道光二十六年（1846年）丙午，七十二岁

由浦城经苏杭至扬州。据《浪迹丛谈·卷一》“余以五月廿日卸装邗城，廿一日走谒阮云台师相，时吾师年八十有三，阔别五年”和“云台师以今年丙午乡试重宴鹿鸣”两句，以及《浪迹丛谈·卷十一》有“丁未人日，在扬州集”，此后又“四月十八日登舟”离扬之说，可见梁章钜于道光二十六年五月抵达扬州，次年四月离开，合其“寓居扬州一年”之说。

撰贺阮元加太傅衔联。见梁章钜《楹联三话·卷下》，又见梁章钜《浪迹续谈·卷七》：“道光丙午，余居扬州，适仪征师以重宴鹿鸣，蒙恩加太傅衔。”

撰贺刘恭人七十寿联。见梁章钜《楹联三话·卷下》，又见梁章钜《浪迹丛谈·卷一》。

撰扬州建隆寺李招讨祠联。见梁章钜《楹联三话·卷上》，又见梁章钜《浪迹丛谈·卷二》。

撰扬州水仓联。见梁章钜《楹联三话·卷上》，又见梁章钜《浪迹丛谈·卷二》。

撰赠黄奭联。见梁章钜《楹联续话·卷之四·集句集字附》，又见梁章钜《浪迹丛谈·卷十一》有《毗陵舟中有怀邗上诸君子，人系以诗，皆一年中往来至熟者也，即以代柬奉寄·黄右原郎中》诗。

撰扬州支氏宅见一楼联。见梁章钜《浪迹丛谈·卷二》：“今岁重至扬州……许小琴为卜居南河下之支氏空宅中……余复戏集唐、宋人句云……”

八月十六日，撰赠徐问松联。见梁章钜《浪迹丛谈·卷二》：“中秋后一日，罗茗香招同黄右原、巫小咸在真一坛看桂花……适问松索书楹联。”

道光二十七年（1847年）丁未，七十三岁

四月离开扬州，暂居杭州三桥址，就医江浙。因三子梁恭辰任温州知府，是冬，迎养东瓯官署，于十月二十六日抵达，由此寓居温州。辑《戏彩亭唱和集》、《楹联三话》二卷、《浪迹丛谈》十一卷。

二三月间，撰赠林则徐“麟阁待劳臣”联。见梁章钜《楹联三话·卷下》：“此联书就，缄寄关中。适公已擢移滇黔总制。”又见梁章钜《浪迹丛谈·卷二》。此前不久，林则徐为梁章钜赠又一副楹联，落款是“道光丁未人日”，即在

开年，而见来新夏《林则徐年谱长编》，林则徐于道光二十七年三月十六日被任命为云贵总督，可知此联撰于二三月间。

六月，撰挽李太夫人联、贺梁宝常六十寿联。见梁章钜《楹联三话·卷下》：“今岁抚部亦年登周甲，僚好各制锦称觞。时余就养东瓯，寄祝一联云……”又见梁章钜《楹联三话·卷下》：“抚部之寿辰在六月十七，而太夫人于前十日以微疾弃养。余复寄挽一联云……”

撰挽郑淑卿联。见梁章钜《楹联三话·卷下》。又见张伟振《海纳百川：林则徐楹联全集》：“道光二十七年十月十五日，郑淑卿病逝，年五十九。”

撰温州江心寺楼联。见梁章钜《楹联三话·卷上》，又见梁章钜《浪迹续谈·卷二》。

撰温州东瓯王庙联。见梁章钜《楹联三话·卷上》：“余初至温州，即访王庙……谨献一联云……”

岁末，撰温州郡署戏彩亭联。见梁章钜《浪迹续谈·卷六》，又见梁恭辰《楹联四话·卷一》。又见林则徐《诰授资政大夫兵部侍郎都察院右副都御史江苏巡抚梁公墓志铭》：“丁未……是冬，恭辰署温州府事，迎养东瓯官署，《戏彩亭唱和集》即作于此时。”

道光二十八年（1848年）戊申，七十四岁

仍在温州郡署。春游雁荡山。辑《浪迹续谈》八卷、《称谓录》三十二卷。

约于此时，撰温州张园池上楼联。见梁章钜《浪迹续谈·卷五》。

道光二十九年（1849年）己酉，七十五岁

仍在温州郡署，是春，辑《浪迹三谈》六卷。六月二十日逝世。“道光二十九年夏六月，长乐梁公卒于浙江温州官署……公生于乾隆乙未七月初六日，卒于道光己酉六月二十日，年七十有五……道光二十九年十月十五日葬于侯官县西关外群鹿山之阳”（林则徐《诰授资政大夫兵部侍郎都察院右副都御史江苏巡抚梁公墓志铭》）。

附录二　梁章钜字号考略

道光二十九年（1849年）六月二十日，梁章钜卒于温州。同乡好友林则徐为他撰写的墓志铭中写道："公讳章钜，字闳中，一字茝林，晚年自号退庵。"林则徐与梁章钜是同乡好友，是数十年的莫逆之交，又是墓志铭这种严肃文体，所记必然无误。其字号本无可厚非，但历来诸多资料中，对梁章钜的字号，乃至姓名记录却各不相同，甚至梁章钜自己的著述中，前后亦有差别。如墓志铭中写到，他"字闳中，一字茝林"，但梁氏自撰《枢垣记略·卷十八》自记为"梁章钜，字芷林，福建长乐人"，其字有"茝林""芷林"之别。

见《吴郡名贤图传赞》道光七年（1827年）序言，印有梁章钜手迹，落款钤印为"茝林"，同书陶澍手书序言也写的是"梁茝林方伯"。道光刻本梁章钜诗稿《藤花吟馆诗钞》卷首所刊为"长乐梁章钜茝林"，梁章钜鉴赏的元人倪瓒《溪山访友图》所钤印文亦为"茝林审定"。同时期包括后来人所记，也多是茝林。如清朱彭寿《旧典备征》记"梁茝林中丞"，清恽毓鼎《澄斋日记》记"连日看梁茝林《退庵随笔》"，清钱泳《履园丛话》记"福州梁茝林方伯为访古迹"，清震钧《天咫偶闻》记"前有梁茝林题签"，等等。

但也有不少书中，确录其字为芷林。如同为梁章钜好友的龚自珍就说"以丙申岁归于长乐梁芷林侍郎"（《龚自珍集》），清宋楚望《公门果报录》记"在梁芷林中丞幕中"，清觉罗乌尔通阿《居官日省录》记"梁芷林中丞"，另见徐世昌所纂《晚晴簃诗汇》，有同时期人张允垂所作《梁芷林方伯仿禹鸿胪卜居图诗》等，况且梁章钜自撰《枢垣记略》也明确写"字芷林"，可见芷林亦为其字。梁章钜撰《枢垣记略》时自署为四十八岁，甫才京官放任地方，授湖北荆州知府，此后，他所写诗文、书稿便多为"茝林"，尤其晚年七十岁时所撰《退庵自订年谱》只写"退庵居士，系出安定梁氏，名章钜，字闳中，又字茝林，晚年自号退庵"，字号都已提到，仍未提"芷林"二字，据此推测，"芷林"多用在他早年在地方任职之前。

《广雅》说"山茝，藁本也"，《汉书·礼乐志》有"侠嘉夜，茝兰芳"

句，后世注为"即今白芷"。茝、芷本意相近。屈原好用茝字，《楚辞》有"沅有茝兮醴有兰"，《离骚》又曰"既替余以蕙纕兮，又申之以揽茝"，皆其"美人香草"之颂。《康熙字典》援引《韵会》说茝"通芷"，茝、芷俱为香草之意，更有人考证，茝亦可读为芷音。这也是许多人将梁章钜字"茝林"记为"芷林"的一个重要原因。近人徐珂《清稗类钞》更是一处记为"茝林"，一处又记为"芷林"。

有人也将茝林写作"茝邻"。如《楹联丛话》书成后，他请广西状元陈继昌撰序，序言开篇就是"茝邻先生，八闽硕儒"，梁章钜自己也未改动，仍镌入书中，可知默认。清刘声木《苌楚斋随笔》所记系"长乐梁茝邻中丞"，清人钱清履也有《茝邻方伯新建梁高士祠徵诗》，清人杨恩寿《词余丛话》载"梁茝邻中丞《浪迹续谈》"，民国吴恭亨《悔晦堂对联话》亦称"江阴张、许二公祠，梁茝邻巡抚联云"等，不为孤例，将"林"写作"邻"，当是时人通假的习惯使然。偶也有用"邻"的异体字，写作"茝隣"的。同样，也有把芷林写作"芷邻"的，如清人郑祖庚《侯官县乡土志》就是"章钜字芷邻，由庶常改礼部主事"。

在书法上，"茝"字因与"苣"笔画相近，很容易被写成"苣"，梁氏字号当然也常被误写为"苣林"，如近代陈衍《石遗室诗话》所载诗作即为《题苣林藩伯灯窗梧竹图》，另一处更写为"梁苣隣先生章钜"，较为随意。还有因笔画相似，将"茝"误写为"茞"的，如清吴大廷《小酉腴山馆主人自著年谱》便是"入城，住梁茞林中丞花园"。当然，这些笔误也不排除后来刊印时为刻工误刻。

梁章钜《退庵自订年谱》自称是"字闳中，又字茝林，晚年自号退庵"，可见他本字"闳中"，只是用得较少，已知前人著述中更少见提及。汉刘歆《甘泉宫赋》中有名句"按轩辕之旧处，居北辰之闳中"，他之字或从此而来。而他的家乡福州，在北宋时曾出过一位名儒郑穆，也是"字闳中"（《宋史·郑穆传》），或许是出于对乡贤的敬重，抑或为加以区别，他鲜用"闳中"之字。至于"退庵居士"，如他所言，都见于晚年。梁章钜六十岁以后，主要精力便在著述，所著《退庵随笔》《退庵诗存》《退庵所藏金石书画题跋》等均以此名，是体现其归田隐退之意。

字号易为人所误记也就罢了，他的姓名也时有写不对的。古人常有"文章钜公"之誉，古文既有"东京才子文章钜""尝观唐三百年间文章钜公，如韩柳刘白"等，笔者推测其名或由此而来。梁章钜毕生署名均无别名，且查《清史稿》《清实录》亦明确只记有"章钜"二字，如《清史稿·卷十八》就有"夏四月癸亥，以梁章钜为广西巡抚”等。但部分书中，如清刘声木《苌楚斋五笔》记为“归田琐记，梁章巨”，清盛康《皇朝经世文续编》记为“抚臣梁章巨请铸大钱”，近人李放《皇清书史》记为“梁章巨张迁碑跋云”等，应皆笔误使然。

至此缕清而后应是：梁章钜，字闳中，初字芷林，后常用字为茝林，有时又写作茝邻、芷邻，晚号退庵居士或退庵老人。世所见有章巨、苣林、茞林、苣瞵、茝隣等，皆异体字或一时笔误，今日当不再提倡。另见近代贺仲禹《绣铁庵联话》有“梁芷邻自号‘梁山居士’”，再未见他处提及，则有待进一步考证。

附录三　梁章钜楹联著作考略

梁章钜在楹联创作、研究方面贡献颇丰，传世之《楹联丛话》被誉为“楹联学开山之作”，编纂此书也是“楹联宗师”梁章钜在楹联史上最大的贡献。

梁章钜于道光十六年（1836年）任广西巡抚兼署学政，至道光二十一年（1841年）调任江苏巡抚，在桂林宦迹五年。当时，正值我国楹联文化甫才步入繁盛时期。如梁章钜所说，“楹联之制，殆无有美富于此时者”（《楹联丛话·序》），于是，有感于相近文体中，诗有诗话，词有词话，“何独于楹联而寂寥罔述”，公牍之余，梁章钜“创为斯编”，仿照诗话、词话体例，开创“联话”这种全新文体，“博访遐搜，参以旧所闻见，或有伪体，必加别裁。邮筒遍于四方，讨源旁及杂说，约略条其义类，次其后先”（《楹联丛话·序》），“阅二年而稿成”（《楹联续话·序》），到道光庚子春（1840年）正式于广西桂林署斋付梓成书。

关于《楹联丛话》成书地点，梁章钜在序言中写明是“撰于桂林抚署之怀清堂”。“怀清堂”为广西巡抚署衙的后堂，梁章钜曾为其题有一联：“怀哉惟清，既到此间须刻鹄；勤将补拙，敢云余暇可骖鸾。”在桂林几年，他是善用“余暇”的。两年时间，他为编撰《楹联丛话》至少做了四件事：一是“博访遐搜”，二是“必加别裁”，三是“附以品题”，四是“汇次成帙”，也即经过了资料收集、文献鉴定、楹联赏析和汇编成册这个编著出版的“全流程”。

在“博访遐搜”的同时，梁章钜充分利用身边资源“邮筒遍于四方”，“余辑《楹联丛话》，多由朋好录贻”（《巧对录·序》），笔者还藏有一帧时人佚名手札，信中就写道：“粤西梁茝邻中丞来函云，公余辑得联话一书，以补诗词赋四六诸话所未备。已有数卷，中间备列各省名胜庙宇廨舍及祝挽各联语之佳者，独尚缺山右……阁下节访平郡，各邑一切佳联录寄，以便邮达，此又风雅中一佳话也。”梁章钜在后来出版的《楹联续话》里说：“忆在桂林时，每得一联，辄与陈莲史、余小霞、陈海霞、桂舫诸君子赏析之。付梓时，又得小霞专任校字之役，故成书不觉其难。”就这样，梁章钜“流连胜地，邂逅名流，所见所闻，辄有埤益”，在陈继昌、余小霞等众多师友的支持下，完成了这部跨时代的巨著。

（一）桂林本初版《楹联丛话》

《楹联丛话》于广西桂林第一次刻印，共一函四册。全书按照故事、应制、庙祀、廨宇、胜迹、格言、佳话、挽词、集句集字、杂缀谐话分为十二卷，收录联话六百余则。因梁章钜在序言有落款“道光庚子立春日，福州梁章钜撰于桂林抚署之怀清堂”，所以初版《楹联丛话》区别于他本，历来有称“道光庚子本”的，也有称“桂林本”的，还有因书牌印有“道光庚子夏日刊于桂林署斋”，又称“桂林署斋本”的。“桂林署斋本”可简称“桂林本”，而道光年间，却有至少三个版本的《楹联丛话》传世，若单以年号命名，则称其为“道光庚子本”更为准确。

因机缘巧合，笔者有幸收藏一套桂林初刻本。是书一函四册，长八寸（26.67厘米），宽四寸九（16.33厘米）。每册封皮中夹着一张朱砂色的铅丹红纸作衬，此纸产于岭南，可防虫蠹。第一册淡蓝色彩纸扉页，上书“楹联丛话十二卷”大字篆书，左刻一行楷书小字“道光庚子夏日刊于桂林署斋”，左下角红色套印四个更小的小字“续刻嗣出”粘贴于上，指明其为初版，待有续集。正文版心黑栏九行，行二十二字，中缝上鱼尾、下黑口，上书口有“楹联丛话”四字文题，鱼尾下有卷数，黑线上为页码。雕刻精良，字体饱满厚重，笔画规整端庄，墨色浓厚鲜亮，不愧为巡抚署斋的刻本，普通书肆料难有其实力。

初版《楹联丛话》存世较少，可查的收藏痕迹，拍卖场上现身两套，一套分别出现在2009年6月上海嘉泰四季古籍拍卖会和2011年7月北京纳高拍卖会，一套出现在2016年上海博古斋古籍善本专场，第一套钤有“缪荃孙藏”“荃孙读过”等藏书印，为晚清藏书大家、目录学家缪荃孙的图章，还有一枚“康生之章”，即为近代政坛名人康生的藏书印，该书现在河北某藏家手中。至于公藏，中国国家图书馆馆藏目录有道光二十年《楹联丛话》三套，但一套四册、一套六册、一套八册，因未见其书，估计六册、八册的记载有误，应是后来附加了《续话》的合集，如首都图书馆就有一套这样六册的合集，此合集因就桂林本翻刻，故易于混淆。另据目录，知北京大学图书馆有一函四册，但为道光二十六年刻本。天津图书馆有一套，注目初刻本，实为环碧轩本。另知山东图书馆有藏，但仍未见其实情，有待考证。不过笔者查询日本古籍书目，日本竟藏有四部桂林本，如若确信，实出人意料。综上，加上笔者所藏，已知存世桂林本不过八九部。

值得一提的是，此书因“一为创局，顿成巨观”（陈继昌《楹联丛话·序》），再加上成书之前因“邮筒遍于四方”而知之者甚多，一经问世即引起较大反响。梁章钜自己在《楹联三话》序中说：“余前撰《楹联丛话》十二卷，授梓于桂林。旋成《续话》四卷，授梓于浦城。年来各省皆有翻刻本，客有从余索取者，或向书坊转购以应之。”后又在《楹联剩话》中说：“余撰《楹联丛话》，初刻于桂林，一时颇为纸贵。近闻粤西、湘南两省皆有翻刻本，后至扬州，书坊亦欲谋翻刻，阮云台师为怂恿余，允成之，于是又有扬州翻刻本。”可见当时翻刻之盛，有的还是经本人允许。遂至今日，仅在晚清时期就见到多个流传版本。这部书在梁章钜在世之时已成为“畅销书”，并一百八十多年来经久不衰，是其魅力之所在。

（二）梁氏联话著作体系

大型联话丛书《联话丛编》的主编、南昌大学教授龚联寿说道：“《楹联丛话》面世后，受其影响，各地陆续有不少联话新作刊行。到民国时期，联话创作仍未间歇，且在内容上多有突破，即由侧重辑联纪事，转向联论，关注楹联的品评。应当说，这是联话写作朝纵深拓展的一个标识。”

正是基于这样的影响力，我们看到两个显而易见的结果：一是梁氏本身兴致高涨，在此后道光二十二年（1842年）完成以技巧属对为主题的《巧对录》，道光二十三年（1843年）又完成《楹联续话》，道光二十七年（1847年）完成《楹联三话》；受其影响，其三子梁恭辰又先后创作《楹联四话》和《巧对续录》，同时，梁章钜笔记类著作《归田琐记》《浪迹丛谈》《浪迹续谈》《浪迹三谈》中亦收录大量联话。在创作方面，梁氏父子开启了近世以来第一股联话撰写热潮。《楹联丛话》自首刊以来一百多年间，刊行版本至少四十种，就楹联类书籍而言，无论发行数量还是刊印版次，他书都无出其右，被公认为“创立联话文体，首建分类体系，开中国楹联史先河之作”。

学者普遍认为，梁氏联话著作囊括三个部分：第一部分“联话专著”，包括梁章钜所编《楹联丛话》十二卷、《楹联续话》四卷和《楹联三话》二卷，以及梁恭辰所编《楹联四话》六卷；第二部分“巧对专著”，包括梁章钜所编《巧对录》八卷，梁恭辰所编《巧对续录》二卷；第三部分“笔记杂录”，包括梁章钜笔记类著作《归田琐记》第六卷收入的《楹联剩话》，《浪迹丛谈》第七卷收入的《巧对补录》，以及梁章钜《浪迹续谈》《浪迹三谈》、梁恭辰《北东园笔录》中散见的联话材料。

从已知最早的“环碧轩藏版”首次在“丛话”后附有“续话”，其后以“梁氏联话合编”或“楹联丛话全编”形式收入梁氏父子联话著作，渐成出版惯例。这些编辑理念也为后世开拓了思路。可以说，包括以上梁氏父子十一部作品的“梁氏联话大丛编”是一个完整的体系。《中国文学史话·清代卷》评价说，《楹联丛话》的意义在于建构起完备的楹联批评标准，使有清一代的楹联创制之盛能够上升到理论层次。因此，钱仲联等人主编的《中国文学大辞典》以及北京图书馆编纂的《民国时期总书目》，都将其列入“文学理论”序列。诚然，联话这种以楹联为话语对象的传统文论体式，是史料与理论价值的有机统一。所以，我们有必要在谈到梁氏联话著作时，将其放入“梁氏联话大丛编”的大背景下系统看待。

（三）《楹联丛话》的版本流传

数年前，笔者曾以时间为序，以《〈楹联丛话〉版本漫谈》一文阐述其主要版本。多年来，日渐搜罗，所藏亦丰，并发现前文不少疏漏，今则就已知四十个主要版本再逐一条析，以供研究者参阅。

（1）桂林本（1840年）。道光庚子（道光二十年、1840年）春日成书、夏日刊刻于桂林署斋。即前所述，不再赘述。

（2）道光壬寅重刊本（1842年）。这是已知桂林初版后，第一次再版的《楹联丛话》。在书籍发行并不畅通的年代，前后相差不到两年就有再版需求，该书影响可见一斑。而笔者见过此书至少两个版本，应是如前所述，不同书肆翻刻有所不同。一个版本丹红衬纸，扉页正中题“楹联丛话”四字篆隶，右上楷书小字“道光壬寅重刊”（即道光二十二年、1842年），左下楷书落款“板存长沙府署”。亦为十二卷四册，卷首有湖南按察使沭阳吕恩湛所撰并行书原迹摹刻的《重刻楹联丛话叙》一篇代序，去掉了原书二序。正文书题下，亦落款“福州梁章钜编辑”“沭阳吕恩湛重刊”。刻印质量，已不如前。所见第二个版本与此相同，只是扉页由白纸改为黄纸印刷。

（3）怀德堂本（1842年）。一函六册，“丛话”四册、“续话”两册，正文与道光壬寅重刊本一致，正文书题下，亦落款“福州梁章钜编辑”“沭阳吕恩湛重刊”，但无序言。书前红纸扉页，中间宋体“楹联丛话”四个大字，右上角宋体小字“道光庚寅年镌”（应为庚子或壬寅之误），左下角宋体小字“怀德堂梓”。是为长沙翻刻后又一翻刻。书肆名为怀德堂者，怀德堂有江宁、金溪、汝南各处，暂不得知此书刻于何处。该版“续话”两册，书题下有加刻一行“吴三让堂书林板”或是“三让堂书房发允”，乃知“续话”由吴三让版翻刻。据查，吴氏三让堂始建于乾隆时期，由江西金溪人吴会章在湖南衡阳创办，道光初在长沙设立分店，同时在金溪老家亦建有，是清末湘中著名书肆。如此可知，吴氏三让堂应是助推《楹联丛话》在湖南出版的主要书商，此所言“怀德堂”，或是其金溪怀德堂之刻。

（4）环碧轩本（1843年）。扉页正中“楹联丛话”四字楷书，右书“道光庚子春镌”，左书“环碧轩藏版”，共收入《楹联丛话》十二卷四册、《楹联续话》四卷两册。版式与桂林本最相近，当为依样刊行。关于这一点，对《楹联丛话》版本亦有研究的四川龚飞先生指出，“两者比较（与桂林本比较），除封面内容已更换，以及个别内容环碧轩本有所修正外，其余位置的字体形状完全一致，即使印刷断板之处也大多吻合”（《关于〈楹联丛话〉桂林署斋本及环碧轩本的辨正》）。关于成书时间，因扉页有“道光庚子春镌”，加之版本十分接近桂林本，所以很容易迷惑人，让人以为是刊刻于道光庚子春，不少目录都将此著录为初刻本。但其后附有《楹联续话》四卷，并有扉页十分明确“道光癸卯夏日刊于南浦寓斋”，此时梁章钜已离任广西，暂居福建浦城。这与他的《楹联续话》序言落款一致：“道光癸卯夏至节，福州梁章钜撰于浦城池上草堂。”道光癸卯即道光二十三年（1843年）。扉页所写“庚子年”，或有三种可能，一是本来此书便是从初版套印而成，二是有意假托初版，三是照样翻刻却未注明翻刻时间。所见环碧轩本有黄、红两色扉页的版本，虽不及初版，刻印亦属精美。

（5）道光癸卯重镌本（1843年）。扉页右书“道光癸卯夏重镌”，左书“周炳蔚堂梓行”，内又见“沭阳吕恩湛重刊”字样。周炳蔚系清末广西儒学训导，有着《楹联丛话》的“广西情结”。这次又与吕恩湛合作，刊行了一套与“重刊”相区别的“重镌本”。这是所知《楹联丛话》最早的点校本，而吕恩湛则是该书问世后，现知的第一个再版“编辑”。此书仅见过第一册，因均系吕恩湛手笔，推测与道光壬寅重刊本相似，亦为十二卷四册。

（6）宜稼堂本（1846年）。该书一函四册，扉页仿桂林本题两行篆书大字“楹联丛话十二卷”，背有书牌，两行楷书写“道光丙午夏月重刊”（即道光二十六年、1846年），下书口有“宜稼堂丛书”五字，品相尤好，便要归功于“宜稼堂”。道光中期，富甲上海的郁松年将家中所藏集于宜稼堂，并慎选精校，刊印了一套“宜稼堂丛书”，可没过多久就因病离世，其书也散落民间。因“宜稼堂丛书”印量少、存世时间短，一经散书，就引起关注。晚清两大藏书家陆心源和丁日昌还曾因购买这些书有所争执，更令后世感慨其校勘之精。是书亦保留桂林本二序，风格亦相近。

（7）道光间其他版本（1840—1849年）。目前存世可见，在1849年梁章钜去世前，仅道光年间至少有以上五种版本。而梁章钜自己曾说过，当时他知道的“粤西、湘南两省皆有翻刻本”“又有扬州翻刻本”，并夸张一点说“各省皆有翻刻本”。而以上五种，吕恩湛两书及吴氏三让堂本，应是其所言之“湘南”版本，粤西、扬州翻刻本尚不确定。然也有人指出，当时翻刻多以桂林本为底本，不排除只字未改的“影刻”，故存世应有多个版本的“桂林本”，只是初刻本印制更为精良，并扉页左下角印有“续刻嗣出”的朱印。这一点，蜀中龚飞先生与笔者认识一致，他在反驳山东大学研究生布吉帅先生有关观点时指出：“旧时翻刻书籍常依旧版版式，笔者曾见过多个《楹联丛话》的翻刻本，内封面均题作‘道光庚子夏日刊于桂林署斋’，字体亦颇形似，唯细审则精神墨彩不如原刻远甚。”笔者另见有“道光乙巳（1845年）夏日重刊于长沙省寓”之本。可见，此书自问世至梁章钜去世不过九年时间，版本应已有八九个。

（8）咸丰元年重刊本（1851年）。版式与吕恩湛道光壬寅重刊本一样。扉页隶书书牌“咸丰元年谨遵原本重刊楹联正续合刻”，又翻页篆书大字“楹联丛话十二卷”，左边楷书小字“道光乙巳夏日重刊于长沙省寓”，乃知其所遵“原本”为吕恩湛乙巳长沙刻本。

（9）咸丰辛亥本（1851年）。所见书牌不全，中间篆书“楹联丛话十二卷”，右上楷书小字“咸丰辛亥刊”（即咸丰元年、1851年）。前有原序，正文九行，行二十二字，笔画细瘦，所见与前版又有不同。

（10）咸丰六年重刊本（1856年）。一函四册，其中丛话、续话各两册。扉页、版式亦与吕恩湛道光壬寅重刊本一样，正文卷题下亦署“福州梁章钜编辑”“沭阳吕恩湛重刊”，扉页左下亦为楷书落款“板存长沙府署”，笔迹均相似，但系新刻；只是扉页右上新刻“咸丰六年夏重刊”（即1856年）。后附《楹联续话》两册，扉页与道光原版相同，篆书“楹联续话四卷”，笔迹与前几种均不同，左下小字楷书“夏日重刊于长沙省寓”，是哪年夏日并未注明。据咸丰元年重刊本书牌，应是将“道光乙巳夏日重刊于长沙省寓”前四字挖掉，不排除是书肆翻刻故弄玄虚。有意思的是，这个版本的“丛话”未刊序言，而“续话”却刊载了梁氏原序，更可见书肆慌乱篡改之事。

（11）同治戊辰新刊本（1868年）。所见扉页题名“楹联丛话正续合编”，右上小字“同治戊辰新镌”（即同治七年、1868年），左下小字又是“板存长沙府署”，仍与吕恩湛道光壬寅重刊本一致，正文卷题下亦署“福州梁章钜编辑”“沭阳吕恩湛重刊”，并将道光壬寅本吕恩湛行书《重刻楹联丛话叙》，改题目为“重刊楹联丛话序”工刻印出。可知，乃是以道光壬寅重刊本为底本加以翻刻。

（12）同治戊辰新镌本（1868年）。此本与同治戊辰新刊本相近，亦是“丛话”“续话”合编，扉页三行，两行正题大字“楹联丛话正续合编”，左侧一行小字题“同治戊辰新镌”，亦成书于同治七年（1868年）。正文卷题下亦署“福州梁章钜编辑”“沭阳吕恩湛重刊”。不同的是，正文前有《楹联丛话》原二序，后除有吕恩湛《重刻楹联丛话叙》外，竟有署名“沭阳吕恩湛续辑”的《楹联杂记》一篇，开篇即云：“重刊《楹联丛话》，一仍茝邻中丞原本。然湖湘已不少遗珠……附记四则为续编……”后录有岳麓书院联等，乃知是吕恩湛受梁氏影响，补录了几则丛话未见收录的湖湘联语。这在《楹联丛话》诸版本中是少见的。推测前面几种“吕恩湛”不乏书肆翻刻，而此种应是吕氏用心编排的重刊本。然查资料，吕恩湛（1782—1861）此时已逝七年，是书应为此前其所刊某版的重刊，或是后人整理而刊，或是坊间伪刻，还有待进一步考证。

（13）志古堂本（1888年）。扉页大字书明，存“楹联丛话十二卷附续话四卷巧对录八卷”，所见不全，仅五册，其中“丛话”十二卷，占三册半；“续话”四卷，占一册半。扉页后书牌刻草书三行半字“光绪戊子仲夏太原王氏刊于成都之志古堂”。志古堂为清末江西人周达三创办，曾盛行于巴蜀，由此可见，此时《楹联丛话》传播愈广，刊印省份也愈多。从版式看，应还是以“桂林本”或“环碧轩本”做底本。

（14）楹联丛话五种。除上述晚清各本，还见一残本，线装刻版，扉页大字两行“楹联丛话五种”。从“五种”二字推测，其至少包括“丛话”“续话”“三话”“四话”及“巧对”“巧对续”中的五种。说明此时，较系统地收录梁氏联话体著作已渐成出版惯例。此外，知光绪十六年（1890年）有醉六堂重刊本，知晚清有上海涵芬楼版刊行，因未见书影，故不详叙。

（15）国民图书局本（1914年）。进入民国，已见最早即民国三年（1914年）国民图书局所印“丛话”附“续话”“巧对”，共一函六册，配以绿底布纹函套，每册封面题作“重校楹联丛话”，下小字附题“正续集后附巧对录”。石印线装，双边黑栏，版心十五行（巧对录十七行），石印字体均小，颇为紧凑。扉页后有书牌，两行行楷大字“中华民国三年国民图书局印”，封面“重校”二字，当为现知民国第一校也。此时，距原版问世已七十四年，流传多年，尤其经历了改朝换代，确实有再校的必要。《楹联丛话》《楹联续话》和《巧对录》前扉页均有题签，右上均为“福州梁章钜先生辑”，其中一册落款“松云馆主书耑”。

（16）会文堂本（1915年）。亦线装石印，一函四册，同时收有“续话”和“巧对录”。题签“精校楹联丛话”，下小字附题“后附巧对录”。是已知最早在“楹联丛话”前加“精校”的。扉页后有题记两行楷书“民国四年仲夏月上海会文堂石印”，民国四年即1915年。同年，亦见会文堂另一版本，书籍正文版式与前本一样，只是扉页后有方形书牌，三行隶书“乙卯夏上海会文堂书局印行”。民国乙卯年，亦是1915年。同一年同一书局竟印行了两个版本，可见此书受欢迎之程度。或许是石印本价格相对低廉，更适合普及。

（17）广益书局本（1917年）。所见不全，未知几册。封面题签“精校正续楹联丛话”，下小字附题“后附巧对录，广益书局印行”。石印线装，与会文堂本极相近。扉页两行篆隶“精校正续楹联丛话”，左旁楷书小字“后附巧对录”，后面方框凹角书牌三行隶书“中华民国六年文华书局石印广益书局发行”。

（18）商务印书馆铅印本（1920—1921年）。所刊《楹联丛话》《楹联续话》《楹联三话》《楹联四话》共十册，统一封面设计，线装铅印。“续话”“三话”“四话”各上下两册，封面都标“卷上”“卷下”。“丛话”封面标“卷一”“卷二”“卷三”“卷四”，共四册。其中，《楹联丛话》《楹联续话》两部六册合售，所见为1921年10月初版、1926年5月三版；《楹联三话》两册分售，1920年8月初版、1921年10月再版；《楹联四话》两册分售，1920年8月初版、1921年10月再版。刻印精美，字迹清晰，排列有致，是民国诸本中较好者。此书“丛话”“续话”两部六册另见1924年刊本。

（19）会文堂书局本（1926年）。与此前会文堂本大有不同，扉页三栏，中间正题“详注圈点楹联丛话”，右题“编者福州梁章钜，注者萧山谢璿”，左侧“上海会文堂书局印行”。扉页后两行大字“丙寅年仲冬上海会文堂书局印行”，民国丙寅年即1926年。书前并有《凡例》一篇，颇有价值。如写道“是书正续二集，系清代梁闳中先生所著，为楹联书之鼻祖”，“惜无注释，读者未易明瞭。本局有鉴于是，爰为加注，藉省检查之劳”。这应是《楹联丛话》问世以来，第一部标点且注解的。其注释，皆在正文文字下以蝇头小字标出。谢璿当是吕恩湛后又一位《楹联丛话》的极大推广者。

（20）商务印书馆国难后本（1935年）。商务印书馆各版中，最为特殊的要数这版。该书只有一册，已改为铅印平装，也是《楹联丛话》最早的平装本。为商务印书馆“国学基本丛书”之一，除“丛话”外，还附有“续话”“三话”。行间以圆点断句。然最显眼的地方还属版权页标注的“中华民国二十四年四月国难后第一版”，起初就“国难”不甚明了，后读《中国编辑出版史》得知，1932年上海“一·二八”事变，日寇空袭闸北，该馆未曾幸免，所藏越50万册珍籍毁于战火，翌年才渐复元气，其所言“国难”，概为此事。另据《民国书影过眼录续集》载，日军空袭近半年后的1932年7月5日，商务印书馆还专门出了本《上海商务印书馆被毁记》描述此事。将文化之毁称为“国难”，自不过分。二十世纪八十年代，上海古籍书店将此本又重新影印。楹联版本学者龚联寿先生评介说：“二十世纪三十年代，商务印书馆将该书编入《国学基本丛书》，印行了断句本，益加显示了现代学人对其在国学研究中地位与价值的体认。”（《联话丛编·前言》）此书，后还见1937年5月国难后第四版，可知新中国成立以前，至少印行了四版。

（21）万有文库本（1939年）。也是商务印书馆所印，之所以单独列出，是因封面上“万有文库”四字。该书小32开铅印本，共三册，除“丛话”外，还附有“续话”。自身并无特别，但以入编“万有文库”为标志，《楹联丛话》作为重要的“国学典籍”陆续入编民国以来各类文编，开启了该书问世以来的大范围发行。当然，这和机器编排、市场营销等现代出版元素的推广应用不无关系。历史走到这里，从刻版到石印，再到大规模丛书铅印，《楹联丛话》也随着近代出版史的发展不断翻新。

（22）台湾版本五种。从1939年后，概因国力维艰，便未见过其他新的版本。尔后数年，虽时局变迁，然海峡对岸仍再版。所见有：

[1] 1961年10月台湾世界书局出版《赋话·楹联丛话》合刊，花草布纹硬壳精装，入选“中国学术名著·文学名著第四集·第五册”，主编及发行人杨家骆，是书有趣的是还有“序目一卷”，在正文前将“丛话”“续话”“三话”序言单独提出作为独立一卷。

[2] 1967年5月台湾商务印书馆出版一卷本，收入“人人文库”，编号“三二六/三二七”，平装小36开300页。

[3] 1970年台湾世界书局刊印一卷本，此书入编“世界文库”，封面写“中国文学名著之一”，也是所知第一次将《楹联丛话》并入“名著”序列的。

[4] 1978年7月台湾广文书局印行《楹联丛话楹联续话巧对录》，精装，上下两册，封面眉题“汉学汇编”，发行人王道荣，乃是据桂林本影印。

[5] 1982年台湾新文丰出版公司发行《精校正续楹联丛话后附巧对录》，分精装、平装两种，平装橘色封面，精装硬壳红色烫金字，扉页仿原书，篆隶大字“精校正续楹联丛话”，一旁落款“新文丰出版公司印行”，颇得古风，乃是将民国广益书局本影印，扉页不过挖掉了原本左旁一侧“后附巧对录”几字。

（23）二十世纪八十年代影印本。在中国大陆，1949年后所见最早版本是二十世纪八十年代的两个影印本。一是商务印书馆国难后本，二十世纪八十年代被上海古籍书店复印出售，装帧如前，只是在封底加了“上海古籍书店重印”和“定价：0.99元”两行小字；二是上海书店影印出版，1981年6月第一版，1985年10月第二次印刷，版权页注明“本书根据商务印书馆1935年版复印”。两个复印本底本一样，只是封面一个依旧是绿色，一个重新设计是白色。

（24）中华书局本。中华书局是新中国成立后，最早重新点校排印《楹联丛话》的，先后有两个版本。第一版是1987年6月版，署名白化文、李如鸾点校，繁体竖排，封面红底彩印，应系联坛伉俪白化文、李如鸾二位先生合作，亦称为“李、白版”。第二版是2006年9月版，定名《楹联丛话（附新话）》。是书580页，定价39元，繁体竖排，印刷精良，当为后学必备之册。李如鸾，署名已改为李鼎霞。2005年6月“新版前言”有云：校点此书，始于1986年，是白化文和李如鸾共同作成，1987年中华书局初版，系繁体直排本；此后，李鼎霞（原名李如鸾）又陆续校对、加工，并与白化文研究，对书中所收材料做了增删、改动，以《楹联丛话全编》为名，在1996年由北京出版社出过简体横排版；2000年，江西人民出版社出版《联话丛编》，李、白版亦被收入。这个版本也是至今点校最详、流传最广的一版。

（25）楹联丛话全编本。前面所提1996年版本，即1996年9月由北京出版社以“文玩鉴赏丛书”之《楹联丛话全编》印行，白化文、李鼎霞点校。此书多流传精装本，亦见有平装本，收录《楹联丛话》《楹联续话》《楹联三话》《楹联四话》《巧对录》《巧对续录》《楹联剩话》《巧对补录》，以及《浪迹丛谈》《浪迹续谈》《浪迹三谈》中散见联话29则，是《楹联丛话》系列中收录梁氏父子“联话体”著作最全的一版。其书“出版说明”开宗明义：“《楹联丛话全编》是‘联话’体的创始人梁章钜父子所作全部联话的合集……梁氏父子的联话著作中，重复之处不少。为存其前后递嬗之迹，我们未加删削。意在取其‘全’，不避其‘复’。”在此基础上，2000年8月江西人民出版社出版龚联寿主编《联话丛编》，系“全国古籍整理出版规划领导小组资助出版”“国家‘九五’规划重点图书”，共收录明清至民国29家、37种联话，该书所录《楹联丛话》《楹联续话》等亦为白化文、李鼎霞点校，“点校说明”作于1997年6月，当是以全编本为蓝本。

（26）当代其他版本。当代出版的《楹联丛话》，除影响较大的“李、白版”通过中华书局、北京出版社、江西人民出版社三次出版外，据笔者所知，还有以下五种：

[1] 1994年《楹联全话》上下两册，江苏广陵古籍刻印社出版，扬州邗江古籍印刷厂影印，1994年10月第一版，1997年4月第二次印刷。前附“出版说明”写道“我社现将四话汇为一帙，名为《楹联全话》，影印出版”，乃是将梁章钜《楹联丛话》《楹联续话》《楹联三话》及梁恭辰《楹联四话》合而为一。考其所据应为环碧轩本。

[2] 1996年12月郭琳校点《楹联丛话》，共印1000册，鹭江出版社出版，福建省新华书店发行。

[3] 2010年《楹联丛话续话》四册一函，线装影印。“中国长乐文献丛书之一”，包括《楹联丛话》三册、《楹联续话》一册。函套内侧印“《楹联丛话续话》由长乐市人保财险公司资助出版”。乃是据宜稼堂本影印。此书书肆所见有两个版本，其中一版封面钤“中国长乐”印，并有“中国长乐文献丛书之一”小字，另一版则无，且内页套红印有多方私人藏印。但两书版权页相同，均为海峡出版发行集团、福建人民出版社出版，2010年7月第一版，定价六百元。

[4] 2016年6月凤凰出版社《楹联丛话楹联续话》，平装32开胶版纸，王承略、布吉帅点校，入“子海精华编”。

[5] 2016年8月上海科学技术文献出版社《楹联丛话》精装本，入选“传统文化修养丛书”之一。

综上，从1840年道光庚子春桂林本，到最新的2016年8月上海科学技术文献出版社精装本，时间跨度近三轮甲子，不算有略微版本差别的，仅明确不同版本的《楹联丛话》竟已有几十种之多，足可谓“海内第一联书”矣。

附录四　参考书目

主要参考梁氏著作

1. 梁章钜．楹联丛话［M］．桂林署斋刻本．1840.

2. 梁章钜．楹联丛话［M］．夏月宜稼堂刻本．1846.

3. 梁章钜．楹联续话［M］．南浦寓斋刻本．1843.

4. 梁章钜．楹联续话［M］．夏日长沙省寓重刊本．1845.

5. 梁章钜．楹联三话［M］．铅印本．上海：商务印书馆．1920.

6. 梁章钜．巧对录［M］．南浦寓斋刻本．1842.

7. 梁章钜．巧对录［M］．石印本．上海：会文堂书局．1915.

8. 梁章钜．归田琐记［M］．北东园刻本．1845.

9. 梁章钜．归田琐记［M］．北京：中华书局．1981.

10. 梁章钜．浪迹丛谈［M］．冬亦东园刻本．1847.

11. 梁章钜．浪迹丛谈［M］．福州：福建人民出版社．1983.

12. 梁章钜．浪迹续谈［M］．亦东园刻本．1848.

13. 梁章钜．浪迹续谈［M］．福州：福建人民出版社．1983.

14. 梁章钜．浪迹三谈［M］．郑氏小琳琅馆刻本．1857.

15. 梁章钜．二思堂丛书［M］．杭州：浙江书局．1875.

16. 梁章钜．退庵自定年谱［M］．杭州：浙江书局．1875.

17. 梁章钜．师友集［M］．北东园刻本．1845.

18. 梁章钜．文选旁证［M］．梁氏刻本．1875.

19. 梁章钜．三国志旁证［M］．福州：福建人民出版社．2000.

20. 梁章钜. 制义丛话 试律丛话［M］. 上海：上海书店出版社. 2001.

21. 梁章钜. 枢垣记略［M］. 北京：中华书局. 1984.

22. 梁章钜. 南省公余录［M］. 杭州：浙江书局. 1875.

23. 梁章钜. 称谓录［M］. 长沙：岳麓书社. 1991.

24. 梁章钜. 退庵随笔［M］. 上海：上海文瑞楼.

25. 梁章钜. 退庵随笔［M］. 北京：文物出版社. 2019.

26. 梁章钜. 退庵诗存［M］. 刻本. 1832.

27. 梁章钜. 闽川闺秀诗话［M］. 瓯郡梅姓师古斋刻本. 1849.

28. 梁章钜. 退庵金石书画跋［M］. 北东园刻本. 1845.

29. 梁章钜. 吉安室书录［M］. 上海：上海人民美术出版社. 2003.

30. 梁恭辰. 楹联四话［M］. 上海：商务印书馆. 1920.

31. 梁恭辰. 巧对续录［M］. 上海：商务印书馆. 1920.

32. 梁恭辰. 北东园笔录初编［M］. 五月义文斋刻本. 1866.

33. 梁恭辰. 北东园笔录续编［M］. 刻本. 1866.

34. 梁恭辰. 池上草堂笔记四录［M］. 刻本. 1890.

35. 白化文，李鼎霞. 楹联丛话［M］. 北京：中华书局. 1987.

36. 黄太茂. 梁章钜楹联辑注［M］. 北京：中国楹联出版社. 2007.

37. 胡毅雄. 梁章钜联集［M］//余德泉. 清十大名家对联集. 长沙：岳麓书社. 2008.

其他主要参考著作

1. 陶澍. 陶文毅公集［M］. 刻本. 两淮淮北士民公刊. 1827.

2. 来新夏. 林则徐全集［M］. 福州：海峡文艺出版社. 2002.

3. 来新夏. 林则徐年谱长编［M］. 上海：上海交通大学出版社. 2011.

4. 杨国桢. 林则徐传［M］. 北京：人民出版社. 1981.

5. 中山大学历史系中国近代现代史教研组、研究室. 林则徐集·日记［M］. 北京：中华书局. 1962.

6. 张师诚. 一西自记年谱［M］. 清自刻本

7. 龚自珍. 龚自珍全集［M］. 上海：上海古籍出版社. 1999.

8. 李柏荣. 魏源师友记［M］. 长沙：岳麓书社. 1983.

9. 李瑚. 魏源诗文系年［M］. 北京：中华书局. 1979.

10. 潘曾沂. 功甫小集［M］. 闰七月重刻本. 1854.

11. 顾沅，孔继尧. 吴郡名贤图传赞［M］. 长洲顾氏刊本. 1829.

12. 顾沅. 苏州沧浪亭五百名贤像赞［M］. 毛国权拓本. 1941

13. 钱泳. 履园丛话［M］. 上海：上海古籍出版社. 2012.

14. 张集馨. 道咸宦海见闻录［M］. 北京：中华书局. 1981.

15. 李廷鉽. 楹联补话［M］. 刻本. 1865.

16. 李承衔. 自怡轩楹联剩话［M］. 二月家刻本. 1885.

17. 王堃. 自怡轩对联缀语［M］. 上海：同文书局. 1886.

18. 清一子. 天下名胜楹联［M］. 文芳堂刻本. 1891.

19. 赵曾望. 江南赵氏楹联丛话［M］. 石印本. 1892.

20. 朱应镐. 楹联新话［M］. 刻本. 1893.

21. 萨嘉榘. 林则徐联句类集［M］. 抄本.

22. 胡君复. 古今联语汇选［M］. 上海：商务印书馆. 1919.

23. 胡君复. 集联汇选初编［M］. 上海：商务印书馆. 1919.

24. 佚名. 古今楹联类纂［M］. 上海：会文堂书局. 1920.

25. 吴恭亨. 悔晦堂对联话［M］. 长沙：鸿飞印刷局. 1921.

26. 雷瑨. 楹联新话［M］. 石印本. 上海：扫叶山房. 1922.

27. 陈方镛. 楹联新话［M］. 石印本. 上海：中华书局. 1921.

28. 佚名. 巧对菁华［M］. 上海：东亚书局. 1924.

29. 佚名．滑稽联话［M］．上海：东亚书局．1924.

30. 刘尔炘．兰州五泉山修建记［M］．铅印本．兰州：和通印刷馆．1925.

31. 王有珩．分类古今巧对大观［M］．铅印本．上海：大东书局．1926.

32. 琴石山人．古今楹联大观［M］．铅印本．上海：会文堂书局．1929.

33. 黄涵林．古今楹联名作选萃［M］．铅印本．上海：广益书局．1929.

34. 陈琰．艺苑联话［M］．石印本．上海：上海大东书局．1919.

35. 贺仲禹．绣铁庵联话［M］．铅印本．厦门：新民书社．1931.

36. 颜永桢．兰州楹联汇存［M］．铅印本．1932.

37. 范左青．古今滑稽联话［M］．铅印本．上海：上海会文堂新记书局．1934.

38. 江忍庵．分类楹联宝库［M］．铅印本．上海：上海广益书局．1934.

39. 王文濡，王有珩．对联大全［M］．铅印本．上海：中华书局．1936.

40. 陈琳．楹联新集［M］．铅印本．北京：瑞文书局．1946.

41. 中央书店编辑所．日常应酬对联大全［M］．铅印本．上海：中央书店．1947.

42. 华超．分类楹联大全［M］．香港：上海印书馆．1956.

43. 韦唐．联语新集［M］．香港：宏业书局．1965.

44. 孙雨航．愧我生庐联话［M］．台北自印本．1965.

45. 谢康．诗联丛话［M］．台北：台湾商务印书馆．1968.

46. 杜召棠．负翁联话［M］．台北：德志出版社．1972.

47. 萧瑜．五书先生联话［M］．台北：新天地书局．1973.

48. 刘隆民．龙眠联话［M］．台北：台湾学生书局．1975.

49. 刘隆民．龙眠联话续编［M］．台北：台湾学生书局．1978.

50. 许启櫟．分类古今联话［M］．台湾编译馆中华丛书编审委员会，1980.

51. 马俊卿．楷城联话［M］．台北：星光出版社．1980.

52. 陆家骥．对联趣谈［M］．台北：黎明文化事业公司．1982.

53. 萧望卿，无官，张月中，等. 古今名胜对联选注［M］. 北京：北京出版社. 1983.

54. 顾平旦，曾保泉. 对联欣赏［M］. 北京：文化艺术出版社. 1983.

55. 王存信，王仁清. 中国名胜古迹对联选注［M］. 长春：吉林人民出版社. 1984.

56. 白雉山. 古今楹联选集［M］. 武汉：湖北教育出版社. 1985.

57. 陈家铨. 对联评注［M］. 南昌：江西人民出版社. 1985.

58. 顾平旦，常江，曾保泉. 北京名胜楹联［M］. 北京：中国民间文艺出版社. 1985.

59. 佚名. 绝妙好联［M］. 台北：常春树书坊. 1985.

60. 张江美. 康庐联话［M］. 香港：康庐学院. 1985.

61. 范叔寒. 中国的对联［M］. 台北：台湾省政府新闻处. 1986.

62. 谷向阳，何慧琴. 中国名胜楹联大观［M］. 合肥：黄山书社. 1986.

63. 常江，刘振威，覃汉杰. 古今联语选萃［M］. 西宁：青海人民出版社. 1986.

64. 程裕祯，解波. 中国名胜楹联大观［M］. 北京：中国旅游出版社. 1987.

65. 蓝天蔚. 解颐联语［M］. 台北：智茂文化事业有限公司. 1987.

66. 尚文化. 楹联写作与欣赏［M］. 沈阳：辽宁大学出版社. 1987.

67. 张志春. 古今作家名联选［M］. 西安：三秦出版社. 1988.

68. 唐棣华. 北京名胜楹联辑注［M］. 北京：北京出版社. 1988.

69. 顾平旦，常江，曾保泉. 名联鉴赏词典［M］. 合肥：黄山书社. 1988.

70. 常江. 中国对联谭概［M］. 北京：华夏出版社. 1989.

71. 常治国. 胜迹名联三百副笺注［M］. 北京：中国广播电视出版社. 1990.

72. 高啸云. 益世联语［M］. 台北：三文印书馆. 1990.

73. 顾平旦，常江，曾保泉. 中国对联大辞典［M］. 北京：中国友谊出版公司. 1991.

74. 郑嘉善. 巧联妙对［M］. 台北：星光出版社. 1991.

75. 常江. 对联知识手册［M］. 北京：中国青年出版社. 1990.

76. 林从龙，熊东遨，史鹏. 古今名联选评［M］. 郑州：中州古籍出版社. 1992.

77. 李文郑. 林则徐楹联辑注［M］. 郑州：中州古籍出版社. 1993.

78. 刘茂林，王庆新，叶芮. 山东名胜楹联［M］. 济南：山东人民出版社. 1993.

79. 常江. 中华名胜对联大典［M］. 北京：国际文化出版公司. 1993.

80. 汪文娟. 历代名人楹联墨迹［M］. 上海：上海人民美术出版社. 1994.

81. 梁羽生. 名联谈趣［M］. 上海：上海古籍出版社. 1995.

82. 白雉山. 名联三百副评注［M］. 海口：海南国际新闻出版中心. 1995.

83. 龚联寿. 中华对联大典［M］. 上海：复旦大学出版社. 1998.

84. 肖经尧. 读联札记［M］. 自印本.

85. 徐玉福. 妈祖庙宇对联［M］. 南昌：江西人民出版社. 2000.

86. 龚联寿. 联话丛编［M］. 南昌：江西人民出版社. 2000.

87. 胡君复，常江. 古今联语汇选［M］. 北京：西苑出版社. 2002.

88. 向行端. 黔联璀璨［M］. 贵阳：贵州人民出版社. 2003.

89. 无锡市文学艺术界联合会. 无锡对联集成［M］. 北京：中国戏剧出版社. 2005.

90. 唐子畏. 古今名联点评［M］. 长沙：湖南人民出版社. 2006.

91. 唐子畏. 历代名人名联鉴赏［M］. 长沙：岳麓书社. 2007.

92. 李文郑. 中国名联鉴赏［M］. 郑州：中州古籍出版社. 2007.

93. 谷向阳. 中国楹联学概论［M］. 北京：昆仑出版社. 2007.

94. 曹林娣. 苏州园林匾额楹联鉴赏［M］. 北京：华夏出版社. 2007.

95. 林山. 联话福州［M］. 福州：海潮摄影艺术出版社. 2007.

96. 北京楹联学会. 北京对联集成［M］. 北京：北京出版社. 2008.

97. 陆家骥. 对联新语［M］. 桂林：广西师范大学出版社. 2008.

98. 孙建. 纪晓岚联语辑证［M］. 香港：中国炎黄文化出版社. 2008.

99. 傅小松．中国传世名联三百副［M］．北京：北京燕山出版社．2009.

100. 中华对联文化研究院．楹联丛编［M］．北京：诗联文化出版社．2009.

101. 孟繁锦．清联三百副［M］．北京：蓝天出版社．2009.

102. 李学文．集唐诗句联三百副［M］．北京：中国楹联出版社．2009.

103. 梁申威，赵淑琴．关庙楹联大观［M］．太原：山西经济出版社．2011.

104. 江苏省楹联研究会．江苏对联集成［M］．南京：江苏人民出版社．2011.

105. 无穷江月．动人两行字［M］．北京：北京教育出版社．2011.

106. 刘韫良．刘韫良诗楹联集注［M］．北京：中国文化出版社．2011.

107. 《中国对联集成·贵州卷》编委会．联语九百［M］．贵阳：贵州民族出版社．2012.

108. 刘太品．名家联集丛编：第四辑［M］．北京：中国诗词楹联出版社．2013.

109. 孟繁锦．楹联名家研究文集［M］．北京：中国诗词楹联出版社．2013.

110. 孟繁锦．清联三百副［M］．北京：中国诗词楹联出版社．2013.

111. 张小华．全民国联话第一辑［M］．郑州：河南文艺出版社．2013.

112. 时习之．时习之对联文选［M］．北京：中国诗词楹联出版社．2014.

113. 中国楹联学会．中国对联集成［M］．北京：九州出版社．2015.

114. 陈田贵．甘肃对联集成［M］．兰州：敦煌文艺出版社．2015.

115. 余德泉．中华对联通论［M］．天津：天津教育出版社．2018.

116. 文师华，龚联寿．江西对联集成［M］．南昌：百花洲文艺出版社．2018.

117. 黄际遇．黄际遇日记类编·畴盦联话［M］．广州：中山大学出版社．2019.

118. 张伟振．海纳百川：林则徐楹联全集［M］．南京：凤凰出版社．2019.

119. 汪小洋．中国楹联与诗词文化［M］．镇江：江苏大学出版社．2020.

120. 张小华，周于飞．联话卷［M］// 现代（1912—1949）话体文学批评文献丛刊．南京：凤凰出版社．2020.

121. 刘太品．对联新谭［M］．北京：中国诗词楹联出版社．2021.

122. 王家安. 清风联语［M］. 兰州：读者出版社. 2022.

123. 卫哲志. 淮安府志［M］. 刻本. 1748.

124. 徐景熹. 福州府志［M］. 刻本. 1756.

125. 吴鼎新. 皋兰县志［M］. 刻本. 1778.

126. 陈铭珪. 浮山志［M］. 顺德荔庄刻本.

127. 施鸿保. 闽杂记［M］. 铅印本. 上海：申报馆. 1878.

128. 金武祥. 粟香二笔［M］. 刻本. 1883.

129. 蒋瀚澄. 沧浪亭新志［M］. 石印本. 苏州：沧浪亭美术馆. 1929.

130. 闵尔昌. 碑传集补［M］. 北京：燕京大学国学研究所. 1932.

131. 钱实普. 清季重要职官年表［M］. 北京：中华书局. 1977.

132. 朱一新. 京师坊巷志稿［M］. 北京：北京古籍出版社. 1982.

133. 徐珂. 清稗类钞［M］. 北京：中华书局. 1984.

134. 顾震涛. 吴门表隐［M］. 南京：江苏古籍出版社. 1986.

135. 杨慎. 升庵诗话笺证［M］. 上海：上海古籍出版社. 1987.

136. 中国第一历史档案馆. 纂修四库全书档案［M］. 上海：上海古籍出版社. 1997.

137. 张捷夫. 清代人物传稿［M］. 北京：中华书局. 2001.

138. 郑祖庚. 闽县乡土志侯官县乡土志［M］. 福州：海风出版社. 2001.

139. 叶衍兰，叶恭绰. 清代学者象传［M］. 上海：上海书店出版社. 2001.

140. 黄启权. 三坊七巷志［M］. 福州：海潮摄影艺术出版社. 2009.

141. 王钟翰. 清史列传［M］. 北京：中华书局. 2016.

142. 白化文. 退士副墨［M］. 上海：上海科学技术文献出版社. 2017.

143. 蔡莹涓. 清代名儒梁章钜述评［M］. 北京：人民出版社. 2022.

144. 欧阳少鸣. 梁章钜——经世名臣 文史名家 楹联大师［M］. 福州：福建人民出版社. 2022.